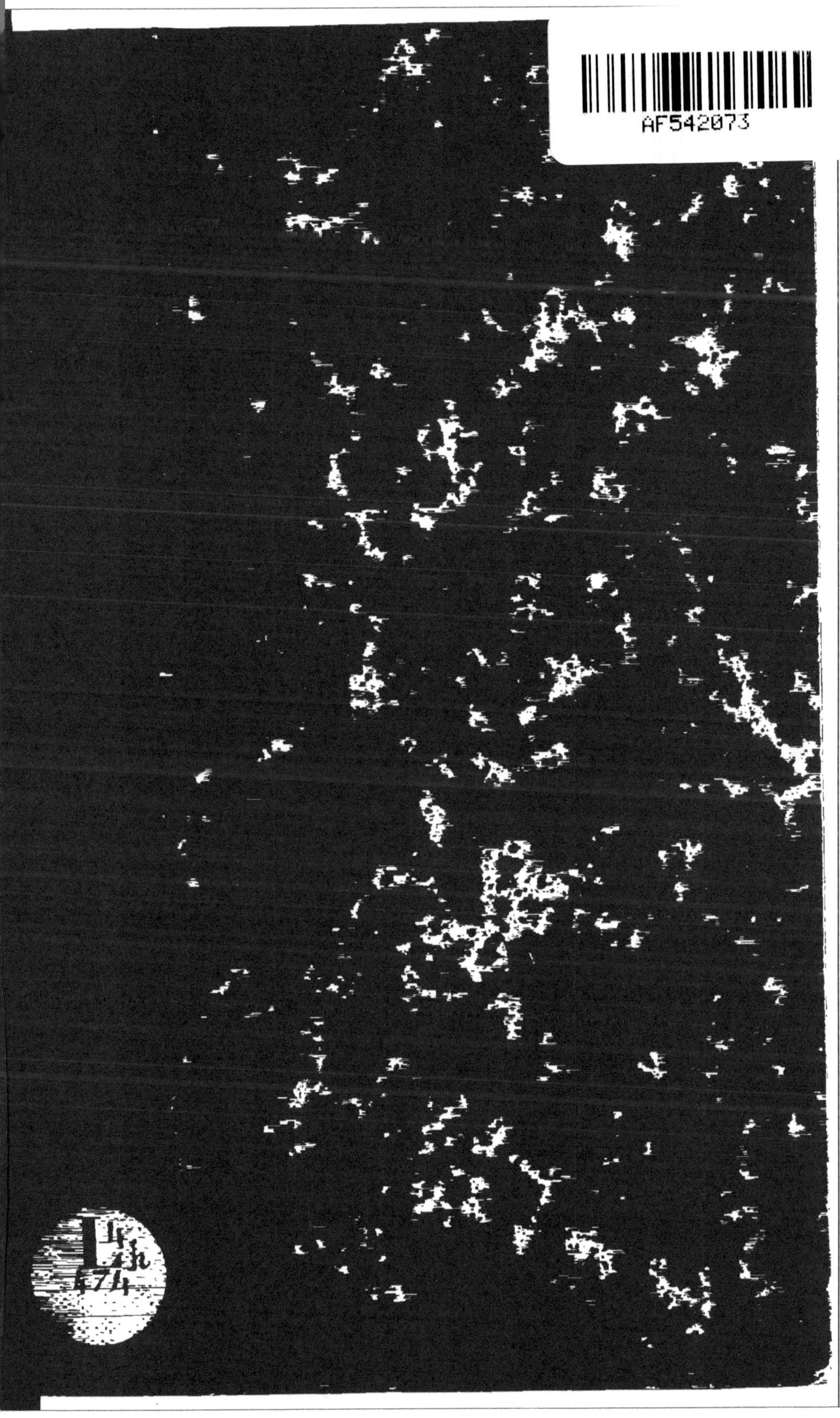

PAR

G. DEBOMBOURG

1re PARTIE

TURIN-GÊNES-MILAN.

…CHON, Libraire-Editeur, rue Impériale, 15, LYON.

PRIX 2 Fcs

LA

GUERRE D'ITALIE

PAR G. DEBOMBOURG.

L'ULTIMATUM ET SES CONSÉQUENCES.

LES FRANÇAIS EN ITALIE. — L'EMPEREUR EN ITALIE. — MONTEBELLO.

CÔME. — PALESTRO. — MAGENTA. — MARIGNAN.

LYON
CONCHON, LIBRAIRE,
Rue Impériale, 15.
IMPRIMERIE D'AIMÉ VINGTRINIER,
Quai Saint-Antoine, 35.

1859

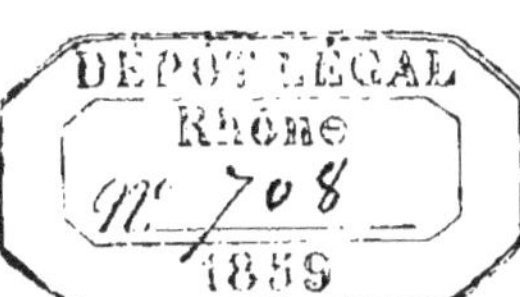

« Les grands actes politiques de l'Empereur des Français, tout en étant conséquents entre eux et s'accordant avec ses devoirs envers la France, constituent une suite de réfutations tacites des calomnies de ses ennemis. La proclamation aux Italiens est l'un des plus satisfaisants de ces actes qui soient maintenant sous les yeux du monde. Depuis le commencement de la lutte en Italie, la presse hostile d'Angleterre et d'Allemagne s'est efforcée de persuader au peuple de ces pays que l'objet de l'Empereur Napoléon III, en soutenant la cause de la Sardaigne et de l'Italie, était la conquête et un agrandissement de territoire. SI JAMAIS HOMME A MÉRITÉ LA QUALIFICATION DE GRAND, AUTANT QUE PUISSE LA CONFÉRER L'HISTOIRE CONTEMPORAINE, CET HOMME EST LE CHEF ACTUEL DU GOUVERNEMENT DES FRANÇAIS. Il s'est montré modéré, calme en présence de la calomnie, noble dans l'attaque, habile financier, et maintenant c'est un stratégiste consommé, et un homme plein de courage. Il est fidèle avec ceux qui sont fidèles, et il prend la défense de la cause des opprimés. Il forcera bientôt le monde à reconnaître les nobles qualités qui n'appartiennent qu'à lui. »

(*Morning Chronicle*, 13 juin 1859).

CHAPITRE PREMIER.

L'ULTIMATUM AUTRICHIEN, SES CONSÉQUENCES.

> L'Autriche a amené les choses à cette extrémité, qu'il faut qu'elle domine jusqu'aux Alpes, ou que l'Italie soit libre jusqu'à l'Adriatique.
>
> (PROCLAMATION DE L'EMPEREUR AU PEUPLE FRANÇAIS.)

Tout semblait calme en Europe, à la fin de l'année 1858. Le public, qui n'était pas initié aux travaux secrets des chancelleries, jugeait de la tranquillité générale par ce qu'il en voyait et tout lui paraissait à la paix, sauf la question des Principautés qui était cependant plus du ressort des diplomates que de la compétence des maréchaux. Mais l'Élu de la nation française, l'homme que neuf millions de suffrages ont placé sur le trône pour veiller aux intérêts du pays et lui assurer un avenir prospère, l'Empereur Napoléon III, ne pensait pas comme le public. La situation de l'Europe, en dehors même de la question des Principautés, ne lui promettait pas d'espérer pour la France une longue série d'années tranquilles. Le génie politique et pratique de Sa Majesté était depuis longtemps occupé de résoudre pacifiquement avec les grandes puissances la *question italienne*, qui était devenue un danger pour la paix de l'Europe et une menace autrichienne pour la France.

Des dissidences diplomatiques longtemps tenues secrètes avaient eu lieu entre les cabinets de Paris et de Vienne au sujet de réformes à opérer à Rome, réformes qui auraient permis à la France de retirer son armée d'occupation qui ne pouvait devenir permanente sans préjudice grave pour son influence. L'Autriche tint pendant ces tentatives une conduite si égoïste, si peu libérale et en même temps si agressive contre le Piémont, allié intime de la France, que l'Empereur Napoléon laissa volontairement échapper ses regrets sur une telle manière d'agir.

Ce fut à la réception officielle du corps diplomatique, le 1er janvier 1859, que Sa Majesté formula son mécontentement à M. de Hübner, ambassadeur de la cour d'Autriche à Paris. L'annonce de ce conflit entre les deux Empereurs surprit étrangement le public et la Bourse. Bientôt les journaux commentèrent les paroles impériales, des brochures de tous genres furent publiées sur la question italienne, et la presse allemande envénima la question par des calomnies et des articles belliqueux hors de saison ; les choses en vinrent à ce point que le *Moniteur* crut de son devoir d'éclairer l'Allemagne sur les véritables intentions du cabinet de Paris à l'égard de la Péninsule italique.

La question italienne étant devenue tout à coup une question européenne, l'Angleterre et la Prusse se portèrent médiatrices officieuses entre les parties rivales. Lord Cowley fut chargé d'une mission pacifique à Vienne, et lorsque le public attendait avec une fiévreuse impatience le résultat de sa mission, il apprit soudain que, sur la proposition de la Russie, la réunion d'un congrès était acceptée par toutes les grandes puissances, sauf l'Autriche qui avait à donner son adhésion. Un congrès pour l'Autriche était un tribunal, et cette puissance à la politique tortueuse et secrètement envahissante ne pouvait souffrir d'être accusée par le Piémont, interpellée par la France et de se voir condamner malgré l'adjonction des *circonstances atténuantes* qu'auraient votées en sa faveur l'Angleterre et la Prusse. L'orgueil autrichien, la pénurie financière de l'Empire, la certitude de ne sortir du congrès qu'avec une condamnation flétrissant sa conduite en Italie, tout cela a poussé le cabinet de Vienne à recourir à l'*ultima ratio* de la force, guerre impolitique et criminelle de sa part. L'exposé de la situation politique lu au Corps législatif par M. le comte de Walewski, ministre des affaires étrangères, sur l'ordre de l'Empereur, dans la séance du 26 avril 1859, est l'histoire complète des faits depuis la naissance de la question italienne jusqu'au moment de l'*ultimatum*. Nous donnons en entier cette pièce officielle et historique.

« L'état de l'Italie, aggravé par les mesures administratives adoptées dans le royaume Lombard-Vénitien, avait déterminé le gouvernement autrichien à faire, dès le mois de décembre dernier, des armements qui n'ont pas tardé à présenter un caractère assez menaçant pour éveiller en Piémont les plus sérieuses inquiétudes.

« Le gouvernement de l'Empereur n'a pu voir surgir ces difficultés sans se montrer vivement préoccupé des conséquences qu'elles pouvaient avoir pour la paix de l'Europe. N'étant point dans le cas d'intervenir directement pour proposer lui-même les moyens de les prévenir, il s'est toutefois empressé d'accueillir les ouvertures qui lui ont été faites. Plein de confiance dans les sentiments du gouvernement de S. M. B., aussi bien que dans les lumières de son ambassadeur à Paris, le gouvernement de l'Empereur a sincèrement applaudi à la mission que M. le comte Cowley est allé remplir à Vienne, comme à une première tentative propre à préparer un rapprochement ; et il s'est félicité avec une satisfaction non moins réelle d'apprendre que les idées échangées entre M. l'ambassadeur d'Angleterre et le gouvernement autrichien étaient de nature à fournir des éléments de négociations.

« La proposition de se réunir en congrès, présentée dans le même moment par la Russie, répondait à cette situation de la manière la plus heureuse, en appelant les cinq puissances à participer également à la discussion d'une question d'intérêt européen ; le gouvernement de l'Empereur n'a pas hésité à faire connaître qu'il adhérait à cette proposition.

« En y adhérant de même, le gouvernement anglais a jugé utile de préciser les bases des délibérations éventuelles du congrès. Ces bases sont les suivantes :

« 1° Déterminer les moyens par lesquels la paix peut être maintenue entre l'Autriche et la Sardaigne ;

« 2° Établir comment l'évacuation des États romains par les troupes françaises et autrichiennes peut être le mieux effectuée ;

« 3° Examiner s'il convient d'introduire des réformes dans l'administration intérieure de ces Etats et des autres Etats de l'Italie dont l'administration offrirait des défauts qui tendraient évidemment à créer un état permanent et dangereux de trouble et de mécontentement, et quelles seraient ces réformes ;

« 4° Substituer aux traités entre l'Autriche et les duchés une confédération des Etats de l'Italie entre eux, pour leur protection mutuelle tant intérieure qu'extérieure.

« Le gouvernement de l'Empereur a mis à acquiescer sans réserve à ces bases de la négociation le même empressement qu'il avait montré à accepter la proposition d'un congrès.

« Le gouvernement autrichien avait, de son côté, donné son assentiment à la réunion d'un congrès, en l'accompagnant de quelques observations, mais sans y mettre de conditions formelles et absolues, et tout devait faire espérer que les négociations pourraient s'ouvrir dans un délai rapproché.

« Le cabinet de Vienne avait parlé du désarmement préalable de la Sardaigne comme d'une mesure indispensable pour assurer le calme des délibérations, et il en fit plus tard une condition absolue de sa participation au congrès. Cette demande ayant soulevé des objections unanimes, le cabinet de Vienne y substitua la proposition d'un désarmement général et immédiat, en l'ajoutant comme un cinquième point aux bases des négociations.

« Ainsi, Messieurs, tandis que la France avait successivement accepté, sans hésitation, toutes les propositions qui lui avaient été présentées, l'Autriche, après avoir paru disposée à se prêter aux négociations, soulevait des difficultés inattendues.

« Le gouvernement de l'Empereur n'en a pas moins persévéré dans les sentiments de conciliation qu'il avait pris pour règle de sa conduite. Le cabinet anglais, continuant de s'occuper avec la plus loyale sollicitude des moyens de faire disparaître les retards que la question du désarmement apportait à la réunion du congrès, avait pensé que l'on satisferait au cinquième point mis en avant par l'Autriche si l'on admettait immédiatement le principe du désarmement général, en convenant d'en régler l'exécution à l'ouverture même des délibérations des plénipotentiaires.

« Le gouvernement de Sa Majesté a consenti à accepter cette combinaison. Il restait toutefois à déterminer si, dans cet état de choses, il était nécessaire que la Sardaigne elle-même souscrivît préalablement au principe du désarmement général. Il ne paraissait pas qu'une pareille condition pût être imposée au gouvernement sarde s'il était laissé en dehors des délibérations du congrès ; mais cette considération même offrait les éléments d'une combinaison nouvelle qui, entièrement conforme aux principes de l'équité, ne semblait pas devoir soulever d'objections. Le gouvernement de l'Empereur déclara au gouvernement anglais qu'il était disposé à engager le cabinet de Turin à donner lui-même son assentiment au principe du désarmement général, pourvu que tous les Etats italiens fussent invités à faire partie du congrès.

« Vous savez déjà, Messieurs, que, modifiant cette suggestion de manière à concilier toutes les susceptibilités, le gouvernement de S. M. B. a présenté une dernière proposition basée sur le principe du désarmement général simultané et immédiat. L'exécution devait en être réglée par une commission dans laquelle le Piémont serait représenté. Les plénipotentiaires se réuniraient aussitôt que cette commission serait elle-même rassemblée et les Etats italiens seraient invités par le congrès à siéger avec les représentants des cinq grandes puissances, de la même manière qu'au congrès de Laybach en 1821.

« Le gouvernement de l'Empereur a voulu manifester de nouveau ses dispositions conciliantes en adhérant à cette proposition qui a été de même acceptée sans délai par les cours de Prusse et de Russie, et à laquelle le gouvernement piémontais s'est également déclaré prêt à se conformer.

« Toutefois, au moment même où le gouvernement de l'Empereur croyait pouvoir nourrir l'espoir d'une entente définitive, nous avons appris que la cour d'Autriche refusait d'accepter la proposition du gouvernement de S. M. B. et adressait une sommation directe au gouvernement sarde. Pendant que, d'un côté, le cabinet de Vienne persiste à ne pas consentir à l'admission des Etats italiens au congrès dont il rend ainsi la réunion impossible, de l'autre, il demande au Piémont de s'engager à mettre son armée sur le pied de paix et à licencier les volontaires, c'est-à-dire à concéder sans délai et isolément à l'Autriche ce qu'il a déjà accordé aux puissances, sous la seule réserve de s'en entendre avec elles.

« Je n'ai pas besoin de faire ressortir le caractère de cette démarche, ni d'insister plus longuement pour mettre en lumière les sentiments de modération dont le gouvernement de l'Empereur n'a cessé au contraire de se montrer animé. Si les efforts réitérés des quatre puissances pour sauvegarder la paix ont rencontré des obstacles, notre conduite l'atteste hautement, ces obstacles ne sont point venus de la France. Enfin, Messieurs, si la guerre doit sortir des complications présentes, le gouvernement de Sa Majesté aura la ferme conviction d'avoir fait tout ce que sa dignité lui permettait pour prévenir cette extrémité, et ce n'est point sur lui qu'on pourra en faire peser la responsabilité. Les protestations que les gouvernements de la Grande-Bretagne, de la Russie et de la Prusse ont adressées à la cour d'Autriche attestent qu'on nous rend déjà à cet égard une entière justice.

« En présence de cet état de choses, si la Sardaigne est menacée; si, comme tout le fait présumer, son territoire est envahi, la France ne peut pas hésiter à répondre à l'appel d'une nation alliée à laquelle l'unissent des intérêts communs et des sympathies traditionnelles, rajeunies par une récente confraternité d'armes et par l'union contractée entre les deux maisons régnantes.

« Aussi, Messieurs, le gouvernement de l'Empereur, fort de la constante modération et de l'esprit de conciliation dont il n'a jamais cessé de s'inspirer, attend avec calme le cours des événements, ayant la confiance que sa conduite, dans les différentes péripéties qui viennent de se succéder, rencontrera l'assentiment unanime de la France et de l'Europe. »

A la nouvelle du refus de l'Autriche d'adhérer aux dernières propositions conciliatrices de l'Angleterre et de l'envoi de l'*Ultimatum* au Piémont, le *Moniteur* inséra la note suivante :

« Paris, 22 avril 1859.

« L'Autriche n'a pas adhéré à la proposition faite par l'Angleterre et acceptée par la France, la Russie et la Prusse.

« En outre, il paraîtrait que le cabinet de Vienne a résolu d'adresser une communication directe au cabinet de Turin pour obtenir le désarmement de la Sardaigne.

« En présence de ces faits, l'Empereur a ordonné la concentration de plusieurs divisions sur les frontières du Piémont. »

Pour joindre l'effet aux paroles, l'Empereur répartit ainsi les divers commandements de ses troupes :

« S. Exc. le maréchal Magnan commandera l'armée de Paris. Quartier général à Paris ;

« S. Exc. le maréchal Pélissier, duc de Malakoff, l'armée d'observation, dont le quartier général sera à Nancy ;

« S. Exc. le maréchal comte de Castellane, l'armée de Lyon ;

« S. Exc. le maréchal comte Baraguey-d'Hilliers, le 1er corps de l'armée des Alpes ;

« Le général de division comte de Mac-Mahon, le 2e corps ;

« S. Exc. le maréchal Canrobert, le 3e corps ;

« Le général de division Niel, aide-de-camp de l'Empereur, le 4e corps.

« S. A. I. le prince Napoléon aura le commandement d'un corps séparé.

« S. Exc. le maréchal Randon est nommé major général de l'armée des Alpes. »

Dans le même moment la chambre des députés de Turin était réunie en séance publique, et le président du conseil, M. le comte de Cavour, après avoir fait l'historique des dernières négociations et parlé de l'*Ultimatum*, termina ainsi :

« Dans ces circonstances, en présence des graves dangers qui nous menacent, le gouvernement du roi a cru de son devoir de se présenter sans nul retard au parlement, pour lui demander les pouvoirs qu'il répute nécessaires pour la défense de la patrie. En conséquence, il a prié votre président de réunir immédiatement la chambre qui s'était séparée pour les vacances de Pâques. Et bien qu'hier au soir, à une heure avancée, nous soit parvenue indirectement la nouvelle que l'Autriche retardait l'exécution de l'invitation adressée au Piémont, comme elle a repoussé la proposition anglaise, cela ne modifie nullement la situation, ni ne peut modifier notre projet. Dans ces circonstances, les mesures adoptées par Sa Majesté l'Empereur des Français sont pour nous à la fois une consolation et un titre à notre reconnaissance. Par ces motifs, nous avons la confiance que la chambre n'hésitera pas à sanctionner par son vote la proposition de conférer au roi les pleins pouvoirs exigés par les circonstances. Qui peut être meilleur dépositaire que lui de nos libertés? Qui est plus digne que lui de cette preuve de confiance de la nation? Lui, dont le nom, après dix années de règne, est devenu synonyme de loyauté et d'honneur ; lui qui tient toujours et ferme le drapeau tricolore italien ; lui qui dès à présent se dispose à combattre pour la liberté et pour l'indépendance! Soyez certains, Messieurs, qu'en confiant, en cette crise, l'autorité suprême à Victor-Emmanuel, vos résolutions obtiendront le suffrage unanime du Piémont et de l'Italie! »

Projet de loi pour concéder des pouvoirs extraordinaires au gouvernement du roi pendant la guerre.

« Art. 1er. En cas de guerre avec l'Empire d'Autriche, le roi sera investi de tous les pouvoirs législatifs et exécutifs, et il pourra, sous la responsabilité ministérielle, faire par ses pleins décrets royaux, tous les actes nécessaires pour la défense de la patrie et de nos institutions.

« Art. 2. Les institutions constitutionnelles demeurent inviolables. Le gouvernement du roi, pendant la guerre, aura la faculté d'adopter des dispositions pour limiter provisoirement la liberté de la presse et la liberté individuelle. »

Un vote unanime sanctionna le projet de loi et Victor-Emmanuel réunit en ses mains les pouvoirs d'une dictature toute nationale.

En France, dans la séance du corps législatif du 26 avril, après la lecture de l'exposé de la situation politique faite par M. le comte Valewski, M. le président du Conseil d'État présenta un projet de loi pour l'appel sous les drapeaux de 140,000 hommes au lieu de 100,000. Ce projet renvoyé à une commission qui devait en faire un rapport sommaire, donna lieu au Président du corps législatif de répondre en ces termes à l'exposé de M. le comte Valewski :

« Messieurs, dit-il, l'exposé que vous venez d'entendre, établit de la manière la plus claire que l'Empereur, sans abandonner le but généreux et élevé qu'il s'est proposé dès l'origine, n'a pas manqué un seul jour aux principes de modération qui caractérisent sa politique. A chaque phase des négociations, il s'est empressé d'accepter toutes les combinaisons dont les conséquences ne pouvaient être que d'éviter la guerre, et qui lui étaient offertes par des alliés médiateurs. Le retard même apporté à la présentation de la loi actuelle est la preuve la plus éclatante de l'espoir et du désir qu'avait toujours conservés l'Empereur d'obtenir pacifiquement la solution de ces difficultés. Cette conduite a eu d'abord pour effet de rassurer les grandes puissances de l'Europe, et si, malgré tous leurs efforts, la guerre est inévitable, au moins a-t-on lieu d'être certain qu'elle sera localisée et limitée, surtout si les autres puissances allemandes ont la sagesse de comprendre qu'il n'y a là qu'une question purement italienne, qui ne cache aucun projet de conquête et ne peut enfanter aucune révolution. (Vive approbation.)

« Quant à vous, Messieurs, au début de cette question, vous avez montré un esprit pacifique que vous inspirait votre sollicitude pour les grands intérêts du pays. C'était votre droit et votre rôle. Cela ne fait que donner plus de valeur et de force au concours que vous porterez à l'Empereur. (Nouvelles marques d'adhésion.)

« Faisons voir aujourd'hui, afin que personne ne s'y méprenne, ni au dedans ni au dehors, qu'en face de l'étranger nous sommes tous unis dans une seule pensée, le succès et la gloire de nos armes. (Acclamations prolongées.)

« Une fois la lutte engagée, tous les intérêts matériels se rangent pour faire place au patriotisme, toutes les inquiétudes se taisent pour mieux nous laisser entendre la voix de l'honneur national. (Applaudissements.) Ne regardons plus en arrière, c'est devant nous qu'est le drapeau de la France. (Acclamations prolongées.) »

Après une interruption d'une heure, la séance publique étant reprise, M. le Président prit de nouveau la parole comme rapporteur de la commission qui avait examiné le projet de loi pour la levée de 140,000 hommes. Après avoir parlé des précédents à ce projet de loi fournis par les besoins de la guerre de Crimée, le rapporteur annonça l'adoption unanime de ce projet.

En outre d'un supplément au contingent militaire, l'État demandait au corps législatif la faculté d'émettre à son heure un emprunt de 500,000,000 de francs pour subvenir aux frais de la guerre devenue imminente, l'exposé des motifs au projet de loi est trop intéressant pour ne pas en citer quelques fragments que voici :

« Messieurs, vous connaissez les efforts inutilement tentés par la sagesse et la modération de l'Empereur pour maintenir la paix en Europe, et le refus inattendu de l'Autriche d'adhérer aux dernières propositions faites par l'Angleterre, acceptées par la Russie, par la Prusse et par la France.

« Bien que la guerre ne soit pas encore déclarée, il est urgent de pourvoir à ce qu'exigent l'honneur et la dignité du pays ; et la sollicitude du gouvernement a dû songer immédiatement aux ressources financières destinées à seconder le patriotisme et la valeur de nos soldats.............

« Espérons que la guerre, si elle éclate, sera assez énergique et assez prompte pour que cette somme soit supérieure aux dépenses qu'elle occasionnera, et que, la paix étant bientôt rétablie, ce qui restera disponible pourra être affecté soit à l'extinction des anciens découverts, soit aux grands travaux publics dont la France, calme au dedans et confiante dans sa force comme dans sa modération, doit poursuivre le développement, afin de ne pas interrompre les progrès du travail et de la richesse nationale.

« Plus les circonstances sont graves, plus l'Empereur compte sur votre dévoûment.

« Vous répondrez avec un patriotique empressement, nous n'en doutons pas, à l'appel qui vous est adressé ; et l'Europe attentive verra, dans l'intime union du souverain, des grands pouvoirs publics et de la nation tout entière le signe assuré de la force de la France et le présage de ses succès. »

Quant à l'emprunt opéré par souscriptions nationales, il a produit la somme énorme de plus de trois milliards 500 millions !

Toutes ces mesures étaient de la plus grande urgence, attendu qu'à l'*Ultimatum* de l'Autriche, le Piémont avait répondu par un refus positif de désarmer. Voici du reste la réponse de M. le comte de Cavour à M. de Buol :

« Turin, 26 avril.

« Monsieur le comte ;

« Le baron de Kellersberg m'a remis, le 23 courant, à cinq heures et demie du soir, la lettre que Votre Excellence m'a fait l'honneur de m'adresser, le 19 de ce mois, pour me mander au nom du gouvernement impérial de répondre par un *oui* ou par un *non* à l'invitation qui nous est faite de réduire l'armée sur le pied de paix et de licencier les corps formés de volontaires italiens, en ajoutant que si au bout de trois jours, Votre Excellence ne recevait pas de réponse, ou si la réponse qui lui était faite n'était pas complètement satisfaisante, S. M. l'Empereur d'Autriche était décidé à avoir recours aux armes pour nous imposer par la force les mesures qui forment l'objet de sa communication.

« La question du désarmement de la Sardaigne, qui constitue le fond de la demande que Votre Excellence m'adresse, a été l'objet de nombreuses négociations, entre les grandes puissances et le gouvernement de Sa Majesté. Ces négociations ont abouti à une proposition formulée par l'Angleterre, à laquelle ont adhéré la France, la Prusse et la Russie.

« La Sardaigne l'a acceptée sans réserve ni arrière-pensées. Comme Votre Excellence ne peut ignorer ni la proposition de l'Angleterre ni la réponse de la Sardaigne, je ne saurais rien ajouter pour lui faire connaître les intentions du gouvernement du roi à l'égard des difficultés qui s'opposaient à la réunion du congrès.

« La conduite de la Sardaigne dans cette circonstance a été appréciée par l'Europe. Quelles que puissent être les conséquences qu'elle amène, le roi, mon auguste maître, est convaincu que la responsabilité en retombera sur ceux qui ont armé les premiers, qui ont refusé les propositions formulées par une grande puissance, et reconnues justes et raisonnables par les autres, et qui maintenant y substituent une sommation menaçante.

« Je saisis cette occasion, etc.

« Signé : CAVOUR. »

Le 27 avril, Sa Majesté le roi Victor Emmanuel adressa à ses troupes la proclamation suivante :

« Soldats !

« L'Autriche qui, sur nos frontières, grossit ses armées et menace d'envahir notre territoire, parce que ici la liberté règne avec l'ordre, parce que non la force mais la concorde et l'affection entre le peuple et le souverain régissent ici l'État, parce que les cris de douleur de l'Italie opprimée trouvent ici de l'écho, l'Autriche ose nous enjoindre, à nous armés seulement pour la défense, de déposer les armes et de nous mettre à sa merci.

« Cette outrageante injonction devait recevoir la réponse qu'elle méritait : je l'ai dédaigneusement repoussée. Soldats ! je vous en fais part, certain que vous prendrez pour faite à vous-mêmes l'insulte faite à votre roi, à la nation. L'avis que je vous donne est un avis de guerre. Aux armes, soldats !

« Vous trouverez en face de vous un ennemi qui n'est pas nouveau pour vous. Mais, s'il est brave et discipliné, vous ne craignez pas la comparaison et vous pouvez vous vanter des journées de Goito, de Pastrengo, de Santa-Lucia, de Somma-Campagna, de Custosa même, où quatre brigades seulement ont lutté pendant trois jours contre cinq corps d'armée.

« Je serai votre chef. Déjà, à diverses reprises, nous nous sommes connus, une grande partie d'entre vous et moi, dans l'ardente mêlée où nous combattions aux côtés de mon magnanime père, où j'ai admiré avec orgueil votre bravoure.

« Sur le champ de l'honneur et de la gloire, vous saurez, j'en suis certain, conserver, accroître même votre renom de bravoure. Vous aurez pour compagnons ces intrépides soldats de la France, vainqueurs en tant de signalées batailles, dont vous fûtes les frères d'armes à la Tchernaïa, et que Napoléon III, que l'on trouve toujours là où il y a une juste cause à défendre et la civilisation à faire prévaloir, envoie généreusement à notre aide, en nombreux bataillons.

« Marchez donc, confiants dans la victoire, et ornez de lauriers fraîchement cueillis votre drapeau, ce drapeau qui, avec ses trois couleurs et avec la jeunesse d'élite accourue de toutes les parties de l'Italie et groupée sous ses plis, vous indique que vous avez pour tâche l'indépendance de l'Italie, cette œuvre juste et sainte, qui sera votre cri de guerre.

« Turin, 27 avril 1859.

« Signé : VICTOR-EMMANUEL. »

L'appel du roi Victor-Emmanuel fait au nom de la liberté

de l'Italie eut un écho immédiat dans le grand duché de Toscane ; l'idée italienne avait poussé sur ce sol magnifique de profondes racines. La guerre de l'indépendance y avait échauffé toutes les âmes. Aussi le grand duc, qui croyait faire acte de prudence et de grand courage en proclamant la neutralité de ses États, se vit-il débordé par l'élan populaire et obligé de quitter la Toscane.

Le *Moniteur* confirma cette révolution pacifique en annonçant que le gouvernement provisoire se composait de MM. Peruzzi, d'Anzini et Malenchini. Le gouvernement provisoire de la Toscane reconnut immédiatement la dictature du roi Victor-Emmanuel et offrit les forces militaires du duché pour les joindre aux Piémontais et lutter avec eux pour l'indépendance de l'Italie. Le roi de Sardaigne qui ne voulait pas paraître profiter *pour lui-même*, d'une révolution qui avait la liberté pour mobile, fit publier par la *Gazette Piémontaise* la note suivante :

« Les derniers événements de Toscane ont éveillé l'attention et la sollicitude du gouvernement du roi. La spontanéité et la modération qui ont présidé à cet événement attestent l'unanimité des sentiments de la population. Les Toscans ont offert la dictature militaire au gouvernement du roi. Sans accepter formellement cette offre, le gouvernement du roi, résolu à faire tout ce qui est en son pouvoir pour assurer le triomphe de la cause nationale, a décidé qu'il arrêterait toutes les dispositions tendant à rendre le concours de la Toscane efficace pour la guerre de l'indépendance et à garantir la conservation de l'ordre public. Dans cette pensée, il a ordonné que le commandeur Boncompagni, au titre de ministre plénipotentiaire, adjoignît celui de Commissaire extraordinaire pour la guerre de l'indépendance avec faculté de prescrire toutes les dispositions de nature à atteindre le double but indiqué, et il a nommé le général Girolamo Ulloa commandant en chef de l'armée toscane, au nom de S. M. le roi Victor-Emmanuel. »

Le 3 mai, l'Empereur Napoléon III, le grand politique qui sera bientôt nommé le grand capitaine, faisait afficher dans Paris et dans toute la France une *proclamation au peuple français*, dont chaque mot raconte un fait du passé et trace le programme de l'avenir.

« Paris, 3 mai 1859.

PROCLAMATION.

L'Empereur au peuple français.

« Français,

« L'Autriche, en faisant entrer son armée sur le territoire du roi de Sardaigne, notre allié, nous déclare la guerre. Elle viole ainsi les traités, la justice, et menace nos frontières. Toutes les grandes puissances ont protesté contre cette agression. Le Piémont ayant accepté les conditions qui devaient assurer la paix, on se demande quelle peut être la raison de cette invasion soudaine : c'est que l'Autriche a amené les choses à cette extrémité qu'il faut qu'elle domine jusqu'aux Alpes, ou que l'Italie soit libre jusqu'à l'Adriatique, car, dans ce pays, tout coin de terre demeuré indépendant est un danger pour son pouvoir.

« Jusqu'ici la modération a été la règle de ma conduite ; maintenant l'énergie devient mon premier devoir.

« Que la France s'arme et dise résolûment à l'Europe : Je ne veux pas de conquête, mais je veux maintenir sans faiblesse ma politique nationale et traditionnelle ; j'observe les traités, à condition qu'on ne les violera pas contre moi; je respecte le territoire et les droits des puissances neutres, mais j'avoue hautement ma sympathie pour un peuple dont l'histoire se confond avec la nôtre, et qui gémit sous l'oppression étrangère.

« La France a montré sa haine contre l'anarchie ; elle a voulu me donner un pouvoir assez fort pour réduire à l'impuissance les fauteurs de désordre et les hommes incorrigibles de ces anciens partis qu'on voit sans cesse pactiser avec nos ennemis ; mais elle n'a pas pour cela abdiqué son rôle civilisateur. Ses alliés naturels ont toujours été ceux qui veulent l'amélioration de l'humanité, et quand elle tire l'épée, ce n'est point pour dominer, mais pour affranchir.

« Le but de cette guerre est donc de rendre l'Italie à elle-même et non de la faire changer de maître, et nous aurons à nos frontières un peuple ami, qui nous devra son indépendance.

« Nous n'allons pas en Italie fomenter le désordre ni ébranler le pouvoir du Saint-Père, que nous avons replacé sur son trône, mais le soustraire à cette pression étrangère qui s'appesantit sur toute la Péninsule, contribuer à y fonder l'ordre sur des intérêts légitimes satisfaits.

« Nous allons enfin sur cette terre classique, illustrée par tant de victoires, retrouver les traces de nos pères ; Dieu fasse que nous soyons dignes d'eux !

« Je vais bientôt me mettre à la tête de l'armée. Je laisse en France l'Impératrice et mon fils. Secondée par l'expérience et les lumières du dernier frère de l'Empereur, elle saura se montrer à la hauteur de sa mission.

« Je les confie à la valeur de l'armée qui reste en France pour veiller sur nos frontières, comme pour protéger le foyer domestique ; je les confie au patriotisme de la garde nationale ; je les confie enfin au peuple tout entier, qui les entourera de cet amour et de ce dévoûment dont je reçois chaque jour tant de preuves.

« Courage donc, et union! Notre pays va encore montrer au monde qu'il n'a pas dégénéré. La Providence bénira nos efforts; car elle est sainte aux yeux de Dieu la cause qui s'appuie sur la justice, l'humanité, l'amour de la patrie et de l'indépendance.

« Palais des Tuileries, le 3 mai 1859.

« NAPOLÉON. »

Cette proclamation, écrite en style napoléonien, eut pour effet immédiat de changer en ardeur patriotique les indécisions de la veille. Les Français, en lisant ces belles paroles, n'eurent plus qu'une âme, qu'une pensée, qu'un désir, celui de suivre Napoléon III jusqu'au bout du monde et de lui donner leurs enfants, leur amour et leur fortune. C'est qu'aussi l'Empereur avait pendant trois mois montré tout ce que peut la force sûre d'elle-même, tempérée par le désir sincère d'une paix durable et prospère. Napoléon avait accepté toutes les transactions offertes par ses alliés, Napoléon avait sans cesse dit et fait dire : Je veux la paix, mais une paix stable et non une paix ambiguë et boîteuse, qu'un coup de fusil italien peut changer en guerre européenne, bien plus, en révolution terrible. A ces sages prévisions, à cette intuition des dangers à venir que l'Empereur des Français voulait éviter à l'Europe, l'Autriche a répondu par un insolent *Ultimatum* au Piémont, par une impolitesse de mauvais goût et peu diplomatique à l'égard de l'Angleterre et de la Prusse, et la guerre est devenue un fait accompli par le passage du Tessin et la marche des colonnes autrichiennes sur Turin.

L'histoire jugera les deux empereurs, et Napoléon III

gagnera par son honnêteté et sa franchise politique tout ce que François-Joseph, qui a trop écouté ses flatteurs et ses traîneurs de sabres, perdra dans l'estime de la postérité au point de vue des qualités qui illustrent les empires et rendent les peuples heureux.

CHAPITRE II.

LES FRANÇAIS EN ITALIE.

> Le but de cette guerre est de rendre l'Italie à elle-même...... Nous aurons à nos frontières un peuple ami qui nous devra son indépendance.
>
> (PROCLAMATION DE L'EMPEREUR AU PEUPLE FRANÇAIS.)

Le passage du Mont-Saint-Bernard et la victoire décisive de Marengo ont fait du Premier Consul le plus grand capitaine des temps modernes. L'Europe stupéfaite ne pouvait croire à une telle hardiesse de génie, à un tel prodige militaire. Hé bien! ce beau fait de l'époque consulaire, Napoléon III, digne neveu et successeur de Napoléon Ier, vient de le reproduire en faisant traverser le Mont-Cenis, le Mont-Genèvre et le golfe de Gênes par deux cent mille Français, qui, dans huit jours, sont allés de Lyon et de Marseille à Turin et à Casale. L'Europe étonnée de nouveau, a reconnu dans Napoléon III l'esprit organisateur des Bonaparte, et la victoire glorieuse de Magenta, fruit de la tactique savante de l'Empereur, est la digne sœur de Marengo; comme son aînée elle a eu son heure d'incertitude et son Desaix, le comte de Mac-Mahon; mais plus heureux que le général républicain, il survit à la bataille et s'appelle *duc de Magenta!*.....

Combien l'Autriche doit regretter son insolent *Ultimatum!* Sitôt que Napoléon III apprend que cette *folie autri-*

chienne était un fait accompli, il fait jouer le télégraphe et bientôt cinq corps d'armée répondent à son signal et s'empressent d'accourir au pied des Alpes. Bientôt deux cent mille baïonnettes se trouvent en face des Autrichiens qui avaient certainement compté sur une grande vitesse ; mais qui n'avaient pu s'imaginer que l'Empereur ferait en une semaine ce qu'ils avaient opéré en vingt-quatre. Il est réellement curieux que le feld maréchal Giulay, en 1859, se soit trouvé dans les mêmes perplexités que le duc de Brunswick, en 1791, lorsqu'il voyait tous ses plans stratégiques rompus et annulés par la rapidité des mouvements de l'armée républicaine. Aussi il est juste de dire que cette célérité merveilleuse du chef de l'État à secourir son allié a été pour beaucoup dans l'enthousiasme qui a fêté nos troupes dans toute l'Italie.

La ville de Lyon, admirablement placée sur la route de Turin et pourvue de voies ferrées conduisant aux Alpes et à la Méditerranée, a joui pendant quelques jours du spectacle émouvant d'une armée qui s'organise et se met en campagne. Dépeindre l'arrivée des régiments, couverts de poussière, le départ des bataillons allant aux embarcadères, le bruit assourdissant des caissons, des trains des équipages ; narrer la variété des épaulettes et des uniformes, depuis les recrues jusqu'aux chefs de corps est une chose impossible. Il faut assister à un tel spectacle pour le bien comprendre ; partout le mouvement, partout des gens pressés que la locomotive n'attendra qu'un peu. Ici des adieux, là des lazzis ; sur les quais des cavaliers qui passent, sur la place des officiers de tous grades qui gesticulent et qui causent, dans la rue des fantassins chargés de couvertures, de souliers neufs, de tentes et de haches comme s'ils allaient à l'abordage. De ce côté-ci des trottoirs, une foule curieuse qui attend les zouaves, dans cet autre endroit, un groupe veut voir défiler les grenadiers de la garde ; sur le seuil des magasins d'honorables et placides négociants qui ont totalement oublié les mots de Bourse, 3 %, Crédit foncier, report, hausse et baisse, pour ne parler que stratégie, victoires et conquêtes. Enfin Lyon n'était plus Lyon commerçant, c'était une ville de guerre, et l'Autrichien aurait été au-delà du Rhône qu'on n'aurait vu ni plus de soldats ni plus d'animation. Aussi ce tohu-bohu, ce mélange d'uniformes, ces adieux, ces souhaits d'heureux retour, ces interpellations directes des citadins aux militaires ont donné lieu à des scènes comiques, à des réponses toutes martiales dans leur naïveté même. En voici deux échantillons entre mille :

« Dans la rue Impériale, se traînait un troupier faisant partie d'un régiment de ligne en marche pour la gare du chemin de fer de Genève. Le régiment était déjà sur le pont Morand que notre soldat tirait encore la jambe à la hauteur de la place Impériale. Il était d'ailleurs chargé de son fourniment au grand complet et ses souliers couverts de poussière accusaient sa fatigue et excusaient la lenteur de sa démarche.

« Un peintre, touché d'une sympathique pitié, l'aborde et lui dit :

« — Eh bien, mon brave ! vous paraissez fatigué ?

« — Dam ! que voulez-vous, répond le fantassin, quand on charrie sur son dos sa maison, son lit, sa marmite et sa huche au pain... Et puis j'ai le pied un peu malade, mais je rattraperai assez les camarades.

« — Et où donc allez-vous de ce pas ?

« — Moi ? je vais à Vienne...

« — A Vienne ? ce n'est guère le chemin, vous auriez dû vous diriger vers la gare de Perrache, et en une heure vous étiez en Dauphiné.

« — Oh mais ! vous vous trompez totalement ! je vais à Vienne en Autriche. »

A Saint-Étienne, autre spectacle.

« Plusieurs zouaves à la mine martiale, au teint bronzé, montaient la rue Royale pour se rendre au chemin de fer. Ils avaient leurs armes et la tenue de campagne, ce qui ne les empêchait pas de marcher d'un pas plus qu'accéléré. L'un d'eux avait surtout un air assez farouche.

« Près de la place aux Bœufs, ils furent accostés par plusieurs ouvriers.

« — Vous êtes donc bien pressés, camarades, dit l'un d'eux au zouave rébarbatif ?

« — Un peu, mon vieux, que nous le sommes.

« — Mais, où allez-vous si vite que ça ?

« — Où ? fit le zouave en frappant sur son arme, au congrès, parbleu ! »

Si nous pouvons donner quelques détails sur l'arrivée des troupes françaises, à Lyon, et cela *de visu et auditu*, nous n'en pouvons faire autant, dès que nos valeureuses troupes ont dépassé la frontière ; c'est donc aux *correspondants particuliers* qu'il faut recourir pour avoir un tableau vrai de l'enthousiasme des Italiens à la vue de leurs libérateurs.

Une lettre du *Moniteur de la Côte-d'Or* nous dépeint sous de vives couleurs la réception délirante qui a accueilli les soldats français à Gênes, le 30 avril, voici cette lettre intéressante :

« Gênes, 30 avril 1859

« . . . . . . Nous sommes arrivés à Marseille le 28, à une heure du matin, nous avons campé à l'entrée de la ville, et le jour même, à deux heures de l'après-midi, nous nous embarquions pour l'Italie, au milieu de la foule la plus bariolée qu'on puisse voir; nous étions enlevés, bousculés, pressés, embrassés, bref nous avons eu toutes les peines du monde à nous mettre en ligne pour l'embarquement qui s'est opéré aux cris de : Vive l'Empereur ! vive l'Italie !

« Le 29, nous étions en vue de Gênes, mais, l'ordre de débarquement n'est arrivé que le 30 au matin, vers huit heures. Malgré la foule compacte qui garnissait les quais, les trois frégates que nous occupions ont été bientôt debarrassées de nous. A onze heures, les quatre régiments de zouaves (zouaves de la garde et zouaves d'Afrique), les grenadiers de la garde, les tirailleurs indigènes et la légion étrangère étaient à terre. Te décrire notre débarquement est quelque chose d'impossible : on criait, on dansait, on chantait, on s'embrassait, que c'était plaisir à voir. Nous avions beau crier : Vive l'Italie ! de toute la force de nos poumons, nos cris étaient couverts par ceux de : *Viva i liberatori della patria ! viva l'Imperatore !* Nos vieux zouaves pleuraient d'attendrissement, ce n'est pas peu dire. »

De Gênes, courons à Turin où la division de Luzy-Pellissac vient d'arriver, à la date du 5 mai; là nous saurons ce qui s'y passe, par un officier qui décrit ainsi dans le *Mémorial de Rouen*, dans toute sa franchise et sa bonne humeur, la physionomie du soldat en campagne. Elle mérite, à ce titre, d'être lue.

« Turin, 5 mai.

« Nous voici à Turin, mon cher frère, fatigués, affamés, mais contents, mais alertes et parfaitement disposés, sans fanfaronnade, à faire gaillardement le coup de fusil. Le début de la campagne a été un peu maussade et m'a rappelé, en quelques points, la campagne de Crimée : bivac dans la boue, et pluie sur le dos à indiscrétion. C'était sans doute une transition ménagée adroitement pour nous préparer aux coups de soleil d'Italie. Notre division (le Luzy-Pellissac), la deuxième du quatrième corps d'armée, commandée par le général Niel, — ne perds pas cela de vue, — est partie le 29 avril au soir de Lyon. Je t'épargne la physionomie du départ. Tohu-bohu, appel, clairons, tambours, chants patriotiques, adieux déchirants de quelques Arianes délaissées, et je saute à Suze, où nous nous trouvons, le 3 mai, trempés jusque aux os, après une étape de 51 kilomètres, dans laquelle nous avons traversé le Mont-Cenis, voyage que je trouverai magnifique plus tard par le souvenir, mais qui se résume en ce moment par une promenade de treize lieues, dans des chemins resserrés entre de hautes montagnes, avec cinq pieds de neige pour se reposer la vue et attendre la verdure.

« A Suze, les habitants paraissaient stupéfiés, : je suis bien sûr que jamais de leur vie ils n'auront vu une telle abondance de pantalons rouges. Nos soldats s'amusaient à leur raconter, avec leur entrain ordinaire, que nous étions (et c'est vrai) 50,000 hommes à Suze et qu'il devait en arriver vingt *fois* plus encore. On pense quelle agitation, quel mouvement doit amener une telle agglomération de troupes. Nous étions loin d'avoir toutes nos aises, mais on n'en est pas moins gai pour cela ; — au milieu de la nuit notre tente-abri s'est affaissée sous le poids de l'eau, et il nous a fallu bivaquer jusqu'au matin en plein déluge.

« Quoique de fort mauvaise humeur, je ne pouvais m'empêcher de rire de la naïveté de nos recrues, qui demandaient si on ne verrait pas bientôt *le beau ciel de l'Italie*. Enfin, ce matin, par un temps un peu plus clair et un peu plus sec, nous faisions notre entrée à Turin : le 5e chasseurs de Vincennes, le 6e, le 8e, le 30e et le 49e. Tout le monde est aux fenêtres : les musiques jouent des airs guerriers ; la population forme, dans chaque rue, deux haies vivantes criant : *Viva la Francia !* et nos soldats de répondre dans leur italien d'occasion : *Viva la Sardaigna ! viva la Italia !* etc. Les dames nous envoient des bouquets, nous les ramassons pour les mettre au bout de nos fusils ; nous saluons militairement, en passant sur la *piazza del Castello*, la statue du soldat sarde élevée en l'honneur de la campagne de Crimée : c'est un enthousiasme incroyable. Nos soldats sont superbes de crânerie et d'entrain joyeux, et j'entends mon fourrier dire, en se tournant vers notre compagnie : « Allons, faites attention ! de l'œil et du maintien ; les signoras regardent, tâchez de *fignoler*. » Et le troupier de lancer aux fenêtres des regards assassins, en s'assurant fièrement sous les armes. A la bonne heure, au moins, nous retrouverons nos amis, ces braves petits Sardes qui étaient avec nous à Tracktir, et avec lesquels j'ai pêché des écrevisses dans la Tchernaïa.

« Cette après midi, les rues fourmillent de pantalons rouges, mes troupiers, que j'ai vus grognant pendant la pluie, se promènent fièrement dans les rues de Turin. Rien ne saurait exprimer, du reste, la confiance qu'ils ont en eux-mêmes, le sentiment de leur supériorité. On ne parle qu'Autrichiens vaincus. J'ai vu à Saint-Jean-de-Maurienne un de nos jeunes fusilliers, qui paraissait en conversation animée avec ses camarades, s'interrompre, venir à moi : « Sans discrétion, dit-il, « faites excuse, major, qu'on pourrait savoir où qu'aura lieu « la première victoire ? — A Marengo, ai-je répondu. — « Suffit, mon major. » Et voilà mon troupier content, qui va rejoindre ses camarades, et leur donne ce renseignement dont ils paraissent complètement satisfaits. »

Maintenant que nous savons comment sont reçus nos compatriotes, voyons un peu ce qu'ils commencent à faire pour répondre à tant d'acclamations et remercier les Italiens de tant de fleurs semées sur leurs pas... Ils marchent, ils campent, ils marchent encore, jusqu'à ce qu'ils soient arrivés sur les rives du Pô ou aux portes de Casale ! ou d'Alexandrie ! Cette marche continue et accélérée nous a valu une jolie description de M. Amédée Achard, le correspondant du *Journal des Débats*, et nous la mettons sous les yeux de nos lecteurs pour leur donner une idée d'une armée en marche :

« La route de Gênes à Alexandrie m'a permis de voir ce que c'est qu'une armée en campagne. A peine avions-nous dépassé le bourg de Landier-d'Aréna que nous avons rencontré, suivant le chemin tortueux de la montagne, deux batteries d'artillerie de la garde. Six chevaux étaient attelés aux fourgons, quatre aux pièces de campagne. Les cavaliers disparaissaient sous le grand manteau bleu. On ne voyait que leur colback et le bout du sabre heurtant la botte.

« Plus loin, c'est un régiment des grenadiers de la garde qui marche sur trois files, d'un pas libre, la longue capote relevée sur la hanche. Un vaste caoutchouc enveloppe les officiers. Les replis de la montagne cachent l'avant-garde.

« Plus loin encore, une colonne de mulets s'aperçoit tout à coup, conduite par des soldats ; la blouse et le pantalon de toile ont remplacé la capote militaire et le pantalon garance ; on reconnaît nos fantassins au képi et au fusil retenu par la bretelle sur l'épaule. Les mulets d'Afrique marchent sagement, chacun à son rang ; ils obéissent à la voix. Neuf sur dix s'appellent Joseph. Pourquoi ? On n'en sait rien ; c'est une tradition. Les mulets de Gênes résistent, ruent et font rage ; quelquefois ils jettent leur charge à bas. On ignore chez nous ce qu'il faut de patience, d'activité, de soins, de vigilance pour conduire ces caravanes.

« Quelques unes de ces bêtes de somme portent des cacolets. On ne peut s'empêcher de les suivre de l'œil en pensant aux souffrances qu'elles doivent secourir. Le siége où le blessé s'assiéra est relevé contre le bât. Des chevaux de main et des charrettes de cantiniers se mêlent au convoi, traînées par de maigres bidets qui font dix lieues sans bouder. Que les successeurs de Callot, s'il y en a, trouveraient à peindre dans ces marches !

« Des poules liées par les pattes se balancent sur la croupe d'un mulet, des canards se débattent, accrochés à la selle, des casseroles tintent à chaque pas, des choux d'un vert tendre s'accouplent à des paquets de carottes, des salades prennent l'air ou la pluie au bout des fusils. Un petit chien, l'ami du bataillon, secoue ses oreilles sur un oreiller de sacs; d'autres, braques ou épagneuls, suivent la colonne, librement ou tenus en laisse. Là, un singe gambade et grimace sur la tente d'une charrette; il vient peut-être de Constantine. Un mouton bêle tout à côté.

« La locomotive nous emporte encore. Voilà un régiment de chasseurs à cheval qui fait halte sur la route. La Scrivia passe en écumant dans le ravin. Les hommes sont enveloppés du manteau à large collet et portent le mousqueton en sautoir. Les chevaux arabes secouent leur crinière et leur longue queue trempée de pluie. Ils tendent le cou et pointent les oreilles, comme s'ils s'étonnaient de ne pas reconnaître le paysage.

« Voici maintenant un escadron du train des équipages de la garde, et, plus loin, une batterie d'artillerie de ligne; un régiment campe dans ce village; des buffleteries pendent aux fenêtres; un soldat fend du bois devant la porte, un autre brosse son pantalon; des officiers fument sous un porche; un caporal fait danser un bambin sur ses genoux; des hommes mènent les chevaux à l'abreuvoir; une chanson française égaie la ruelle; un feu de bivouac fait bouillir la marmite au pied d'un vieux mur. Un sergent partage son pain avec un mendiant; une escouade se cotise et achète une corbeille d'oranges. Un moine passe égrenant son chapelet : on rit un peu ; mais un loustic se lève et fait le salut militaire ; le moine lui donne sa bénédiction ; on ne rit plus et on s'incline : la mort est peut-être si près.

« Continuons le chemin. Le long tunnel Dei Jovi est franchi. Ici un bataillon de voltigeurs de la garde arrive à la fin de l'étape. On ôte les sacs, on s'étire, on prépare des feux, on met les armes en faisceaux ; quelques soldats cherchent un hangar pour s'étendre et se reposer ; d'autres brisent un morceau de pain qu'ils mangent sur le pouce avec du saucisson ; la vivandière ouvre ses cantines ; les chevaux du commandant et des capitaines s'abreuvent. Tous les hommes se dispersent ; on allume la pipe, dont la fumée délasse, et on cherche des légumes frais pour la soupe. On cause avec le bidon.

« Dans ce hameau le tambour bat. C'est l'heure de l'étape nouvelle ; on charge les sacs et on prend les armes ; le bataillon est prêt en dix minutes; on fait l'appel, et, en avant, marche !

« On voit par les sentiers des hommes isolés qui pressent le pas ; un général et ses aides de camp traversent un pont ; deux vedettes le précèdent le mousqueton sur la cuisse.

« Tournons cette gorge dans laquelle le rail s'enfonce. Sur le flanc de la montagne, un peloton de gendarmes à cheval grimpe la côte lentement ; leurs forts chevaux vont d'un pas sûr et grave. La haute stature des cavaliers se profile sur le vert pâle des oliviers ; ils ont cette attitude tranquille et cette assurance qui font reconnaître les corps d'élite. C'est la discipline et le devoir qui passent. On entend tinter le fourreau du sabre contre l'étrier.

« C'était ainsi partout, à Isola, à Ronco, à Arquata, à Seravalle ; plus loin à Novi comme à Ponte-Decimo. »

Après cette description imagée, nous citons quelques anecdotes du même correspondant.

« Un chasseur de Vincennes était l'autre soir, l'arme au pied, devant la gare du chemin de fer. Son peloton allait rejoindre le bataillon et il pleuvait comme à Paris. Tout à coup il lève le point et regarde les nuages :

— « Gredin de soleil ! dit-il, bien sûr il s'est vendu aux Autrichiens.

— « Et avec quoi veux-tu qu'ils le paient? répond un camarade. »

— « Il y a peu de jours un général français très-connu se trouvait en présence d'un bataillon de volontaires. Il avise un jeune homme de bonne mine qui lui présente gaillardement les armes. Au visage frais du soldat, le général reconnaît qu'il n'a pas affaire à un vieux troupier.

— « Vous êtes volontaire? lui dit le général.

— « Oui, général, volontaire et Toscan.

— « Et l'on vous donne?

— « Un fusil et cinq sous.

« Le général sourit.

— « Cela doit paraître médiocre à un homme qui a vu, j'imagine, plus de villas que de casernes?

— « Oh! répond l'autre, j'ai cinq sous du gouvernement d'abord, et puis trois cent trente-trois francs trente-trois centimes par jour de chez moi.

« Quand un mouvement unit coude à coude, dans les mêmes rangs, un millionnaire et un paysan, ce mouvement est national. »

— « Un caporal des turcos jurait, entre deux bouffées de tabac, qu'il n'y avait pas de meilleur général que le sien. — Un général *chic!* disait-il.

« Un brave Hollandais, qui passait par là et qui parle le

français honnêtement, lui demanda d'un air timide ce qu'il entendait par ce mot.

— « Un général *chic !* parbleu ! cela se comprend, dit le turco... C'est un général *chouette !*

« Et il s'éloigna ravi de son explication.

« Le Hollandais s'en alla se grattant le front.

« Pardonnez-moi ces détails. Ces messieurs ne se piquent pas d'être grammairiens. Ils jetteraient par terre un bataillon d'Autrichiens plus vite qu'ils ne mettraient une phrase sur ses pieds. »

Puisque nous en sommes aux descriptions et aux anecdotes, laissons encore parler M. Amédée Achard qui nous apprendra comment se campe et s'établit une division de l'armée devant l'ennemi :

« Le chemin de fer d'Alexandrie à Casale, qui passe à côté de San-Salvador et se rapproche d'Occimiano, côtoie le terrain de la guerre. Le Pô n'est pas loin ; quelques rideaux de peupliers l'indiquent çà et là. Par des échappées de vue, on découvre les villages et les clochers de la rive gauche, occupée par l'ennemi. On ne le saurait pas qu'on le devinerait à l'aspect de la campagne,

« Pas une ferme , pas un hangar , pas une bergerie, pas une cabane qui n'ait sa garnison. Ici un peloton, là une compagnie, plus loin un bataillon. Des pantalons rouges se montrent derrière les haies, des baïonnettes brillent sur la lisière des champs de riz , des armes en faisceaux sont rangées le long des sentiers ; le turban des zouaves apparaît au milieu des vignes. De longues files de soldats, portant sur l'épaule des sacs de toile, vont aux provisions ; d'autres, armés de pioches et de pelles , travaillent à des épaulements ; on voit passer au galop des officiers d'état-major. Sur des monticules qui dominent le cours du fleuve, voilà deux ou trois tentes qui abritent une grand'garde. Un régiment est campé dans ce vallon. Des convois de charrettes s'avancent lentement, surveillés par des gendarmes. Des escouades de chasseurs à cheval vont et viennent. »

Enfin, partout le mouvement discret, le campement dissimulé; partout des guerriers impatients qui veulent délivrer l'Italie du joug de l'Autriche et se faire de ses habitants des amis et des frères, pour accomplir cette prévision de l'Empereur : « *Nous aurons à nos frontières un peuple ami qui nous devra son indépendance.* »

CHAPITRE III.

L'EMPEREUR NAPOLÉON III EN ITALIE.

> Je vais bientôt me mettre à la tête de l'armée. Je laisse en France l'Impératrice et mon fils. Je les confie à la valeur de l'armée, au patriotisme de la garde nationale .... je les confie enfin au peuple tout entier.
>
> (PROCLAMATION DE L'EMPEREUR AUX FRANÇAIS.)

Pendant que nos vaillantes troupes étaient reçues en Italie au bruit des fanfares piémontaises et répondaient avec émotion aux cris mille et mille fois répétés de *viva la Francia ! viva i liberatori della patria ! viva l'imperatore Napoleone !* Sa Majesté prenait à Paris les dernières mesures pour aller rejoindre, sur les rives du Pô, les braves qui l'attendaient avec une martiale impatience.

Le 3 mai, le *Moniteur* publiait les lettres patentes par lesquelles l'Empereur confiait la régence à Sa Majesté l'Impératrice, digne par les qualités de son esprit, par son courage et son âme toute française de remplir une si haute et si délicate mission. Ces suprêmes fonctions ajouteront encore, s'il est possible, à l'amour vrai que lui porte la France et à la respectueuse admiration des heureux qui ont pu la voir ou l'approcher.

Le 10 mai, des préparatifs faits à la gare du chemin de fer de Paris à Lyon, des ordres de service adressés à la garde nationale, avaient suffisamment fait connaître, sans qu'aucun avis officiel eût été donné, que l'Empereur partait dans la journée pour l'Italie.

« Aussi, toute la population parisienne était-elle en mouvement afin de s'assurer, bien avant l'heure, des places sur la ligne que devait suivre Sa Majesté pour se rendre au chemin de fer de Lyon.

« Sur ce long parcours, dont la rue de Rivoli forme une grande partie, les maisons étaient pavoisées dès le matin aux couleurs de France et de Sardaigne. Le départ de Paris était indiqué pour six heures; mais, bien avant ce moment, les balcons, les croisées étaient garnis de dames en toilette, et tous les trottoirs étaient envahis par une foule avide de voir et de saluer de ses vœux l'Empereur à son passage.

« A six heures moins un quart, la voiture impériale, qu'avaient précédée d'autres voitures remplies de généraux et des officiers de la maison militaire de Sa Majesté, est sortie des Tuileries. C'était une voiture ouverte, où l'Empereur, en petite tenue de général de division, avec le képi, était assis près de l'Impératrice.

« Les plus vives acclamations se sont fait entendre au moment où Leurs Majestés ont paru, et elles se sont renouvelées sans interruption jusqu'à l'entrée de la gare.

« L'affluence du public, déjà très-grande aux abords des Tuileries, semblait aller en augmentant sur toute la ligne, et, vers la place de la Bastille, elle s'étendait à perte de vue sur les deux côtés du Boulevard. L'enthousiasme était à son comble. » (*Constitutionnel* du 11 mai.)

L'escorte de l'Empereur, un moment séparée de sa voiture, permit à cent mains frémissantes de patriotisme et d'amour pour Sa Majesté, de serrer la sienne. Un ouvrier, qui avait quitté hâtivement son atelier pour venir saluer Napoléon III, s'élança sur le marche-pied de la voiture impériale, et, avec cet accent que le peuple seul possède parce que seul il obéit sans calcul à son émotion, il s'écria :

Partez, Sire! ne craignez rien; NOUS AURONS SOIN DE VOTRE FEMME ET DE VOTRE ENFANT. *N'est-ce pas, vous autres, l'Empereur peut partir tranquille?* et mille poitrines d'ouvriers de répondre : *Oui ! Vive l'Empereur !* Parmi tous ces bras qui s'élèvent, parmi toutes ces voix qui acclament Napoléon III combien s'en trouve-t-il qui ont dressé des barricades, qui ont crié : vive la Sociale ! Eh bien ! un gouvernement sage, patriotique et populaire, la France replacée à la tête de l'Europe, la nation fière d'elle-même et de son Élu, tout cela a changé complètement le courant des idées utopiques, et le peuple, si apte à comprendre qui le gouverne bien et qui l'aime, s'est donné tout entier à Napoléon, parce que Napoléon s'est donné tout entier au peuple, à la France, à sa gloire et à sa prospérité. Ceux qui sont restés haineux et incorrigibles ne sont pas les partisans avoués d'une opinion politique respectable, mais bien de mauvais Français qui préfèreraient le triomphe de leur orgueil vaincu au bonheur et à la gloire de la France, leur patrie.

« La gare du chemin de fer de Lyon était richement décorée. Un salon d'attente avait été préparé pour recevoir Leurs Majestés; il était orné de tentures en velours vert avec écussons aux armes de l'Empereur et crépine d'or.

« Le train impérial était composé de dix voitures, quatre wagons-salons et un wagon terrasse pour l'Empereur et ses aides-de-camp, trois wagons de première classe pour les officiers d'ordonnance et les fonctionnaires civils de sa maison, et deux wagons de charge.

« A cinq heures et demie, les 14e et 15e bataillons de la garde nationale de Paris, un bataillon de la gendarmerie de la garde impériale et un bataillon du 80e de ligne, sont venus former la haie, sur la place Mazas, sur la rampe et devant la gare du chemin de fer.

« A ce moment, les aides-de-camp et les officiers d'ordonnance qui accompagnent l'Empereur sont arrivés dans la gare. C'étaient d'abord le maréchal Vaillant, major-général de l'Armée; MM. le comte Roguet, le comte de Montébello, généraux de division, aides-de-camp de l'Empereur; de Béville; prince de la Moskova; Fleury, général de brigade; le colonel de Waubert de Genlis, chef d'état-major de la 2ᵉ division de la garde impériale; Reille, lieutenant-colonel, chef d'état-major de la 1ʳᵉ division de la garde impériale; marquis de Toulongeon, comte Lepic et Favé, lieutenants-colonels; puis les treize officiers d'ordonnance, parmi lesquels on remarquait le prince Joachim Murat, le prince de La Tour-d'Auvergne, le baron de Menneval, Schmitz, Brady, vicomte Friant, Tascher de la Pagerie, marquis de Cadore, de Clermont-Tonnerre, etc.; les écuyers de l'Empereur, MM. de Bourgoing et Davilliers.

« MM. Conneau, premier médecin, le baron Larrey, chirurgien de l'Empereur, et M. l'abbé Laine, aumônier de l'état-major-général, faisaient aussi partie du convoi.

« Dans le salon d'attente, à l'arrivée de l'Empereur, se trouvaient S. Exc. le maréchal Magnan, le général Lawœstine, les deux préfets en tenue, un grand nombre de sénateurs et de députés.

« LL. AA. II. le prince Jérôme et le prince Napoléon ont précédé de quelques instants la venue de l'Empereur.

« Parmi les dames qui avaient été admises dans le salon d'attente, plusieurs appartenaient à la cour, mais la majeure partie étaient les femmes ou étaient de la famille des personnages qui accompagnaient Sa Majesté, et c'était là que se faisaient les derniers adieux.

« A six heures précises, les acclamations de la population, que le bruit du tambour pouvait à peine couvrir, ont annoncé l'arrivée de l'Empereur.

« Leurs Majestés sont restées quelques instants sur le quai avant de monter en voiture. L'Empereur a embrassé S. A. I. le prince Jérôme et serré la main aux dignitaires qui l'entouraient.

« Après s'être entretenu quelques instants avec S. A. I. le prince Jérôme, l'Empereur a fait monter l'Impératrice en voiture. S. A. I. la princesse Clotilde est arrivée en ce moment et a pris place près de l'Impératrice.

« L'Empereur et le prince Napoléon sont montés bientôt après.

« L'enthousiasme était extrême ; les acclamations les plus chaleureuses de : *Vive l'Empereur! Vive l'Impératrice!* éclataient de toutes parts.

« L'Empereur et l'Impératrice se sont placés sur la galerie qui sépare le wagon-terrasse d'un des salons ; le prince Jérôme s'est alors avancé et l'Empereur l'a embrassé de nouveau.

« Les traits de Sa Majesté étaient radieux, et c'est en souriant avec sa bienveillance habituelle que l'Empereur a encore serré la main aux personnes qui lui adressaient leurs adieux. La physionomie de l'Impératrice, quoique calme, était empreinte de quelques signes d'attendrissement.

« A six heures dix minutes, le train impérial s'est mis en marche au milieu des acclamations unanimes de : *Vive l'Empereur! Vive l'Impératrice! Vive la France* et *Vive l'Italie*.

« Les ingénieurs en chef placés sur la machine dirigeaient le train, et les administrateurs du chemin de fer de la Méditerranée accompagnaient Leurs Majestés.

« L'impératrice et la princesse Clotilde, parties avec l'Empereur et le prince Napoléon, les ont accompagnés jusqu'à Montereau, où Leurs Majestés ont dîné. »

Le parcours de l'Empereur, de Montereau à Marseille, a été une suite d'ovations, malgré l'heure avancée de la nuit. A Sens, la foule groupées autour de la gare portait des torches allumées, qu'elle agitait en poussant des cris d'enthousiasme. A Dijon, à une heure du matin, la population était sur pied, et un détachement du 82e de ligne a été envoyé pour maintenir la foule; après la réception officielle terminée, le train a repris sa marche et est arrivé à Lyon à cinq heures du matin. M. Vaïsse sénateur, administrateur du département du Rhône et le maréchal de Castellane attendaient l'Empereur. Ces hauts dignitaires ont été reçus dans le coupé impérial et ont entretenu sa Majesté pendant quelques instants. M. le maréchal de Castellane a pris place auprès de l'Empereur, pour accompagner sa Majesté jusqu'à Marseille. A Valence, à Orange, à Tarascon, mêmes acclamations, mêmes cris, même joie qu'à Paris.

A Arles, même foule, même empressement que dans les autres stations; on remarquait particulièrement une députation du clergé, de la magistrature et de la garnison. Mais il y avait peut-être plus d'enthousiasme encore, s'il est possible, dans les acclamations des habitants de la ville et des faubourgs. Ces braves gens se rappelaient qu'à sa dernière visite dans la Provence, l'Empereur était venu les consoler des pertes causées par les inondations, et ils ont voulu effacer les jours de deuil d'autrefois, par un jour de fête. Le cri de : *Vive notre sauveur!* se mêlait au cri de : *Vive l'Empereur!*

A chaque station du chemin de fer, même à celles où le train impérial ne devait pas s'arrêter, les habitants des villages étaient accourus en foule, pleins de curiosité et d'enthousiasme. S'ils ne pouvaient toujours satisfaire l'une à leur gré, ils témoignaient l'autre par des cris poussés avec une chaleur et une unanimité vraiment admirables. Il semblait que tous ces hommes, toutes ces femmes s'étaient fait comme un devoir d'être présents au passage de l'Empereur, pour qu'à la faveur même du silence de la campagne, los vivats pussent mieux retentir. Sur d'autres points, on agitait des drapeaux ; enfin aux stations éloignées des villages dont des députations se tenaient près de la voie, avec leur maire et leur curé, il suffisait à ces braves paysans d'agiter leur drapeau, et de faire entendre jusqu'aux oreilles de l'Empereur de chaleureuses acclamations.

L'arrivée de Napoléon III à Marseille a été une ovation triomphale; la capitale du midi a montré un enthousiasme, un délire patriotique indescriptible, et les circonstances dans les quelles elle a eu lieu en augmentent d'ailleurs l'importance. Marseille, la ville pacifique, la ville du commerce, oublie, elle aussi, ses intérêts, et acclame la politique pleine de loyauté et de patriotisme qui n'a conduit à la guerre que parce que la guerre est devenue une question d'honneur national.

Le pittoresque quartier de la Canebière était littéralement envahi par les curieux. A toutes les maisons flottaient les couleurs nationales, avec des inscriptions, et des banderolles qui portaient les mots de : *Vive l'Empereur! Vive Napoléon III!* Les députations de tous les corps de métiers suivaient les voitures mises à la disposition des membres du cortége, et la foule, agitant des mouchoirs et des drapeaux, faisait retentir l'air des hurrahs les plus enthousiastes.

Il est regrettable de ne pouvoir dépeindre avec la plume un pareil spectacle. Comment exprimer, en effet, l'ardente curiosité qui portait les Marseillais jusque sous les roues de la voiture de l'Empereur, et faisait de cette population vivace, sincère, enthousiaste tout un immense cortége au chef de l'État? Comment rendre l'effet produit par ces longues rues avec leurs maisons de cinq étages et couvertes, jusque sur les toits, d'hommes, de femmes, d'enfants, qui ne savaient comment exprimer leur joie et leur satisfaction? Ici, des orchestres improvisés se faisaient entendre; là, aux portes de la ville, les frères de l'École chrétienne et les sœurs de charité avaient groupé leurs élèves et jetaient des bouquets de fleurs sur les pas de l'Empereur.

Nous ne raconterons pas les réceptions magnifiques et enthousiastes qui ont été faites à l'Empereur, à Gênes et à Alexandrie, cela ce conçoit, car les Italiens en acclamant sa Majesté acclamaient un libérateur, précédé d'une armée de deux cent mille soldats.

L'arrivée de Napoléon III à Gênes fut de suite inaugurée par une de ces proclamations qui font vibrer la fibre militaire et centuplent les forces vives d'une armée. Sa Majesté voulant se mettre le plus tôt possible en rapport avec ses braves légions et leur apprendre qu'elles avaient un chef pour les mener à la victoire et accomplir la promesse d'affranchir l'Italie, fit afficher la proclamation suivante :

PROCLAMATION A L'ARMÉE D'ITALIE.

ORDRE DU JOUR.

« Soldats !

« Je viens me mettre à votre tête pour vous conduire au combat. Nous allons seconder la lutte d'un peuple revendiquant son indépendance et le soustraire à l'oppression étrangère. C'est une cause sainte, qui a les sympathies du monde civilisé.

« Je n'ai pas besoin de stimuler votre ardeur : chaque étape vous rappellera une victoire; dans la voie sacrée de l'ancienne Rome, les inscriptions se pressaient sur le marbre pour rappeler au peuple ses hauts faits; de même aujourd'hui, en passant par Mondovi, Marengo, Lodi, Castiglione, Arcole, Rivoli, vous marchez dans une autre voie sacrée, au milieu de ces glorieux souvenirs.

« Conservez cette discipline sévère qui est l'honneur de l'Armée. Ici, ne l'oubliez pas, il n'y a d'ennemi que ceux qui se battent contre vous. Dans la bataille, demeurez compacts et n'abandonnez pas vos rangs pour courir en avant. Défiez-vous d'un trop grand élan. C'est la seule chose que je redoute.

« Les nouvelles armes de précision ne sont dangereuses que de loin, elles n'empêchent pas la baïonnette d'être, comme autrefois, l'arme terrible de l'infanterie française.

« Soldats, faisons tous notre devoir, et mettons en Dieu notre confiance. La patrie attend beaucoup de vous. Déjà, d'un bout de la France à l'autre, retentissent ces paroles d'un heureux augure : La nouvelle Armée d'Italie sera digne de sa sœur aînée.

« Gênes, 12 mai 1859. »

« Napoléon. »

Une fois à la tête de l'armée d'Italie, l'Empereur Napoléon s'occupa activement de mettre la dernière main à son organisation, et, à l'impatience des Parisiens, et de toute la France, le *Moniteur* du 18 mai donnait la dépêche suivante :

« Alexandrie, le 18 mai, une heure vingt minutes, soir.

« L'organisation de l'armée se poursuit avec activité. On achève la réparation des routes, des ponts et des voies ferrées que l'ennemi avait dégradés. »

Si l'Empereur, qui a toujours fait grand cas de l'opinion publique, faisait donner le bulletin journalier de ses faits et gestes, il n'en continuait pas moins à organiser fortement ses corps d'armée, pour ne rien donner à l'aventure et ne rien compromettre, car son esprit pratique et son génie militaire lui faisaient comprendre quels intérêts immenses étaient en jeu, et l'impatience des flaneurs des boulevards était comptée pour bien peu dans les grands desseins du chef de l'État.

Ainsi, l'Empereur, sage et calme, a su joindre au courage d'un Bonaparte toute la prudente lenteur d'un Fabius, et les victoires de Montebello et de Magenta ont été le fruit de cette puissance d'organisation qui est la moitié de la force d'une armée, pour ne pas dire sa véritable force. Une fois les troupes lancées on sait avec quelle rapidité elles ont marché de la Sesia au Mincio.

CHAPITRE IV.

PASSAGE DU TESSIN. — CANONNADE DE FRASSINETTO. COMBAT DE MONTEBELLO.

Nous allons enfin sur cette terre classique, illustrée par tant de victoires, retrouver les traces de nos pères. Dieu fasse que nous soyons dignes d'eux !...

(Proclamation de l'Empereur aux Français.)

Dans la journée du 29 avril 1859, l'Empereur d'Autriche, exécutant les menaces de son ultimatum, ordonna le passage du Tessin, et le maréchal Giulay vint lui-même à Gravelone assister à la violation du territoire piémontais. En ce moment, la confiance de l'Autriche devait être grande, puisqu'elle avait de l'autre côté du Tessin, sur la rive lombarde, deux cent mille hommes prêts à entrer en ligne; tandis que le roi Victor-Emmanuel, trop faible pour s'opposer d'une manière utile à la violation de sa frontière, abandonnait, sans défense, Novare, Verceil et Ivrée, qui ne devenaient plus pour l'ennemi que des étapes à parcourir et non des positions à enlever. L'armée française arrivait bien par tous les passages des Alpes et par Gênes, mais par fractions et dépourvue d'artillerie, de cavalerie, des munitions et approvisionnements nécessaires pour faire campagne. Ainsi, l'Autriche avait la partie belle, et sa menace de venir à Turin infliger au peuple sarde un affront et un désastre était chose possible. Sans nul doute avec des troupes et des généraux comme les nôtres, Turin aurait été pris et occupé.

Au lieu de marcher résolûment et activement au but indiqué, le feld-maréchal Giulay, comme son devancier Mélas, marche en avant, recule, va, vient dans le Novarais et le Verceillais, sans plan stratégiquement conçu et énergiquement exécuté. Tout se borne à des pilleries, à des réquisitions, à des exécutions militaires. Du reste, l'analyse des bulletins de la marche de l'armée autrichienne fera parfaitement voir la lenteur et l'irrésolution de son chef :

29 *avril.* — Passage du Tessin.

30 *avril.* — Occupation de Novare.

1er *mai.* — Concentration entre Alexandrie et Plaisance.

2 *mai.* — Occupation de Verceil.

3 *mai.* — Passage de la Sesia.

3 et 4 *mai.* — Tentative infructueuse du passage du Pô à Frassinetto.

5 *mai.* — Occupation de Tortone et de Trino, sur les deux rives du Pô.

Voilà toût ce qu'a pu faire le feld-maréchal Giulay, dans les huit premiers jours de son invasion ; car, à dater du 6 mai, il commença son mouvement de retraite en abandonnant avec précipitation Voghera. Il poussera bien une pointe sur Ivrée, à la date du 9, mais l'attitude énergique de la population suffira pour arrêter ses troupes, et le général en chef de l'armée autrichienne perd dès cet instant l'offensive pour se retrancher sur les rives de la Sesia, du Tessin et du Pô, et empêcher, à son tour, le passage de ces rivières par l'armée Franco-Sarde qui, elle aussi, veut entrer à Milan, comme Giulay voulait aller à Turin.

Dès le début des hostilités, le général autrichien lança une proclamation au peuple sarde dans laquelle il disait : qu'il venait les délivrer de l'oppression d'un parti destructeur, *peu nombreux*, mais puissant par son audace. Aussi le bon Giulay amenait-il avec lui 200,000 baïonnettes contre ce parti *peu nombreux*. En outre, la proclamation promettait aux Sardes la liberté, le respect de la propriété et des individus ; ce qui n'empêcha pas le général en chef d'ordonner des exactions inouïes, des pilleries, l'incarcération des maires et la mise à mort de plusieurs malheureux Piémontais, peu soucieux de trahir leur pays au bénéfice de l'Autrichien.

Voyant que sa proclamation ne produisait aucun effet, et que les Sardes, instruits par leurs voisins, les Lombards, savaient à quoi s'en tenir sur le bonheur et la liberté tudesques, le feld-maréchal changea de langage et lança de nouveau une autre proclamation toute draconienne. L'agneau était devenu loup, qu'on en juge :

« Une Cour prévôtale est organisée, elle n'applique qu'*une peine* : CELLE DE MORT.

Sont considérés comme crimes ou délits :

« 8° Les insignes révolutionnaires contraires à l'Autriche et à ses alliés ;

« 9° Les chansons révolutionnaires ;

« 10° Les démonstrations politiques, publiques ou privées ;

« 11° La désobéissance aux ordres des autorités militaires ;

« 12° Les attroupements ou autres réunions d'un caractère séditieux ;

« 13° L'intervention dans une réunion politique, sous quelque prétexte que ce soit ;

« 14° Les contraventions de fermer aux heures indiquées les cafés, les restaurants et tout lieu public ;

« 15° Recevoir chez soi des étrangers sans en avoir fait la déclaration aux autorités ;

« 16° Détruire, arracher ou faire des dégâts sur les écussons ou armes de l'Autriche. »

Si à ces écrits on compare les proclamations de l'Empereur et de Victor-Emmanuel aux Italiens, l'on voit, par la grandeur et la générosité des idées, la sincérité des promesses et l'élévation du style de ces dernières, toute la différence qu'il y a entre une bonne et une mauvaise cause.

Le général Giulay, voulant éprouver la force des armes après l'insuccès des proclamations, fit opérer, dans les journées des 3 et 4 mai, une forte reconnaissance accompagnée d'une vive canonnade en face de Frassinetto, et tenta de passer le Pô en cet endroit ; mais les troupes autrichiennes durent reculer devant la résistance opiniâtre des Piémontais. Voici comment le bulletin officiel de la guerre explique ce fait d'armes :

Opérations de l'ennemi près Frassinetto.

« Après quelques escarmouches de cavalerie dans les premiers jours de la guerre, et dans lesquelles nos soldats ont retardé la marche de l'ennemi, nous avons aujourd'hui à mentionner des faits plus importants. Le 3 mai, vers les quatre heures et un quart de l'après-midi, l'ennemi a opéré une forte reconnaissance offensive sur la rive gauche du Pô, en face de Frassinetto, avec tentative pour passer sur la rive droite. Après avoir établi ses forces à la hauteur de Terra-Nova, derrière la levée de la rivière, il a ouvert contre nos avant-postes un feu très-vif de mousqueterie et de fusées.

«Le 17e régiment d'infanterie, avec la 17e batterie, de garde en cet endroit, a soutenu avec intrépidité le feu vif de l'ennemi. Le major-général Cialdini, averti par les détonations du canon, s'est empressé de sortir de Casale avec le 1er régiment d'infanterie, deux escadrons de chevau-légers-Montferrat, et la 3e batterie de bataille, afin de venir en aide aux troupes de Frassinetto et de repousser l'ennemi au-delà de la rivière, s'il était parvenu à la dépasser ; mais, avant qu'il fût arrivé sur les lieux, à la nuit noire, l'ennemi avait déjà cessé le feu et s'était replié.

« Dans la nuit du 3 au 4, vers une heure et demie du matin, l'ennemi a tenté de construire deux ponts de bateaux en face de Frassinetto ; mais, assailli par le feu de nos batteries, il a dû renoncer à son projet, et, vers les huit heures du matin, se retirer de nouveau.

« Les reconnaissances faites par les troupes de Casale ont constaté que l'ennemi avait abandonné Balzola, et, plus tard, Terro-Nuovo et Villa-Nuova. Nous avons à déplorer la perte de 6 morts et 27 blessés, sous-officiers et soldats.

« D'ordre du roi, DELLA ROCA. »

Une autre tentative de passage et une autre canonnade eurent lieu en face de Valenza, mais inutilement, car l'ennemi fut obligé de se retirer, après avoir tué le capitaine d'artillerie Roberti et un caporal des tirailleurs nommé Albini qui, avant de mourir, se traîna sur une éminence et fit feu jusqu'à son dernier soupir.

Le roi Victor-Emmanuel, charmé de cette résistance opiniâtre et de ce premier succès, le fit mettre à l'ordre du jour en ces termes :

Quartier général principal de l'armée.

Alexandrie, 5 mai.

ORDRE DU JOUR.

« Dans les journées des 3 et 4 mai, l'ennemi a songé à passer le Pô vis-à-vis de Frassinetto et de Valenza. Le 17e régiment, le 8e bataillon de tirailleurs, la 1re, la 17e et la 18e batterie préposées à la garde de ces positions, ont soutenu avec intrépidité le feu de l'ennemi, si bien qu'ils ont fait échouer toutes ses tentatives. Sa Majesté le roi, très satisfaite de l'attitude ferme et digne d'éloges de ses troupes et de l'intelligente direction qui leur a été donnée par leurs chefs, le colonel Bozoli, le major Volpe Claudi et les capitaines Sobrero, Dho et Roberti, a donné l'ordre au chef d'état-major soussigné, de le faire savoir à tous les corps de l'armée par le présent ordre du jour, le roi étant persuadé que ce premier résultat sera suivi d'autres plus grands, qui accroîtront la réputation et la gloire de l'armée piémontaise.

« D'ordre du roi :

« Le lieutenant-général, chef d'état major,

« DELLA ROCCA. »

La tentative du passage du Pô fut le seul effort que fit l'armée autrichienne, jusqu'à la date du 10 mai où elle commence à évacuer chaque jour de nouvelles positions, et les colonnes menaçantes qui rayonnaient de Mortara et de Verceil jusqu'aux portes d'Alexandrie et de Turin, se replient sur elles-mêmes, abandonnant peu à peu les villages sardes jusqu'au moment où la science militaire de l'empereur Napoléon et le courage invincible des Franco-Sardes les auront entièrement chassés des États du roi Victor-Emmanuel.

Après la marche en avant des Autrichiens, voici le bulletin de leur retraite :

10 *mai*. — Evacuation précipitée de Tronzano, Livorna, Covaglio, Saluzzola.

11 *mai*. — L'artillerie de siége repasse le Tessin.

13 *mai*. — L'artillerie de l'armée se retire à Mortara.

14 *mai*. — Evacuation de Bobbio.

19 *mai*. — Evacuation de Verceil.

20 *mai*. — Combat glorieux de Montebello.

Ce combat où l'armée française abordait pour la première fois les Autrichiens, après quarante-cinq années de paix, fut pour le drapeau tricolore un noble retour aux anciennes traditions victorieuses de nos pères; les ennemis *comme autrefois* furent battus et bien battus; voici du reste le rapport officiel de cette première victoire de la nouvelle armée d'Italie, adressé au maréchal Baraguey-d'Hilliers par le général de division Forey, dont la conduite a été pleine d'héroïsme.

On peut dire que les circonstances qui ont amené au feu la division Forey sont des circonstances heureuses pour son chef, et que celui-ci a été à leur hauteur.

« Le général s'est trouvé un moment auprès des lignes autrichiennes seul avec l'un de ses aides de camp, pendant que les autres officiers d'état major partaient dans toutes les directions pour amener le reste de la division au secours des cinq cents hommes arrivés les premiers. Dans cette position, les balles sifflaient autour du général Forey; mais il n'a pas cessé d'exciter ses soldats, et, quand la déroute des Autrichiens a commencé, il est monté sur une espèce d'observatoire, donnant avec un grand sang-froid les ordres pour la poursuite. A sa descente du monticule, les soldats ont acclamé leur général. »

ARMÉE D'ITALIE.

1er CORPS. — 1re DIVISION.

Rapport officiel de M. le général Forey, transmis par S. Exc. le maréchal Baraguey-d'Hilliers à l'Empereur.

« Voghera, le 20 mai 1859, minuit.

« Monsieur le maréchal,

« J'ai l'honneur de vous rendre compte du combat que ma division a livré aujourd'hui.

« Averti à midi et demi qu'une forte colonne autrichienne, avec du canon, avait occupé Casteggio et avait repoussé de Montebello les grand'gardes de cavalerie piémontaise, je me suis porté immédiatement aux avant-postes, sur la route de Montebello, avec deux bataillons du 74e destinés à relever deux bataillons du 84e, cantonnés sur cette route, en avant de Voghera, à hauteur de la Madura.

« Pendant ce temps, le reste de ma division prenait les armes, une batterie d'artillerie (6e du 8e régiment) marchait en tête.

« Arrivé au pont jeté sur le ruisseau dit Fossagazzo, extrême limite de nos avant-postes, je fis mettre en batterie une section d'artillerie, appuyée à droite et à gauche par deux bataillons du 84e, bordant le ruisseau avec leurs tirailleurs.

« Pendant ce temps, l'ennemi avait poussé de Montebello sur Ginestrello, et ayant été informé qu'il se dirigeait sur moi en deux colonnes, l'une par la grande route, l'autre par la chaussée du chemin de fer, j'ordonnai au bataillon de gauche du 74e de couvrir la chaussée à Cascina-Nuova, et à l'autre bataillon de se porter à droite de la route, en arrière du 84e.

« Ce mouvement était à peine terminé qu'une vive fusillade s'engageait sur toute la ligne entre nos tirailleurs et ceux de l'ennemi qui marchait sur nous, soutenant ses tirailleurs par des têtes de colonne débouchant de Ginestrello. L'artillerie ouvrit son feu sur elles avec succès; l'ennemi y riposta.

« J'ordonnai alors à ma droite de se porter en avant. L'ennemi se retira devant l'élan de nos troupes; mais, s'apercevant que je n'avais qu'un bataillon à la gauche de la route, il dirigea contre lui une forte colonne. Grâce à la vigueur et à la fermeté de ce bataillon, commandé par le colonel Cambriels, et à des charges heureuses de la cavalerie piémontaise, admirablement conduite par le général de Sonnaz, les Autrichiens durent se retirer.

« A ce moment, le général Blanchard, suivi du 98e et d'un bataillon du 91e (les deux autres étaient restés à Oriolo, où ils ont eu un engagement), me rejoignait et recevait l'ordre d'aller relever le bataillon du 74e, chargé de défendre la chaussée du chemin de fer et de s'établir fortement à Cascina-Nuova.

« Rassuré de ce côté, je poussai de nouveau ma droite en avant et m'emparai, non sans une résistance sérieuse, de la position de Ginestrello. Jugeant alors qu'en suivant avec le gros de l'infanterie la ligne des crêtes, et la route avec mon artillerie protégée par la cavalerie piémontaise, je m'emparerais plus facilement de Montebello, j'organisai ainsi mes colonnes d'attaque sous les ordres du général Beuret :

« Le 17e bataillon de chasseurs, soutenu par le 84e et le 74e disposés en échelons, s'élancèrent sur la partie sud de Montebello, où l'ennemi s'était fortifié.

« Il s'engagea alors un combat corps à corps dans les rues du village, qu'il fallut enlever maison par maison. C'est pendant ce combat que le général Beuret a été blessé mortellement à mes côtés.

« Après une résistance opiniâtre, les Autrichiens durent céder devant l'élan de nos troupes, et, bien que vigoureusement retranchés dans le cimetière, ils se virent encore arracher à la baïonnette cette dernière position, aux cris mille fois répétés de : *Vive l'Empereur !*

« Il était alors six heures et demie ; je jugeai qu'il était prudent de ne pas pousser plus loin le succès de la journée, et j'arrêtai mes troupes derrière le mouvement de terrain sur lequel est situé le cimetière, garnissant la crête avec quatre pièces de canon et de nombreux tirailleurs qui refoulèrent les dernières colonnes autrichiennes dans Casteggio.

« Peu de temps après, je vis les colonnes autrichiennes évacuer Casteggio, en y laissant une arrière-garde, et se retirer par la route de Casatisma.

« Je ne saurais trop me louer, Monsieur le maréchal, de l'entrain de nos troupes dans cette journée ; tous, officiers, sous-officiers et soldats, ont rivalisé d'ardeur. Je n'oublierai pas non plus les officiers de mon état-major, qui m'ont parfaitement secondé.

« J'aurai l'honneur de vous adresser ultérieurement les noms de ceux qui se sont le plus particulièrement distingués.

« Je ne connais point encore le chiffre exact de nos pertes ; elles sont nombreuses, surtout en officiers supérieurs, qui ont payé largement de leur personne. Je les évalue approximativement au chiffre de 600 à 700 hommes tués ou blessés.

« Celles de l'ennemi ont dû être très-considérables, à en juger par le nombre des morts trouvés, surtout dans le village de Montebello.

« Nous avons fait environ 200 prisonniers, parmi lesquels se trouvent un colonel et plusieurs officiers.

« Plusieurs caissons d'artillerie sont également tombés en notre pouvoir.

« Pour moi, Monsieur le maréchal, je suis heureux que ma division ait été la première engagée avec l'ennemi. Ce glorieux baptême, qui réveille un des beaux noms de l'Empire, marquera, je l'espère, une de ces étapes signalées dans l'ordre du jour de l'Empereur.

« Je suis avec respect, Monsieur le maréchal, votre très-humble et très-obéissant serviteur,

Le général commandant la 1re division du 1er corps,

« FOREY.

« *P. S.* D'après les renseignements qui me viennent de

tous côtés, les forces de l'ennemi ne sauraient être au-dessous de 15 à 18,000 hommes ; et, si j'en croyais les rapports des prisonniers, elles dépasseraient de beaucoup ce chiffre. »

Du rapport officiel nous allons passer à une correspondance de la *Sentinelle du Jura*, qui fait un tableau vif et animé de la lutte. Cette correspondance émane d'un jeune sergent-major qui a de l'avenir si les balles le respectent.

« Hier matin, à onze heures, nous étions au campement, à deux portées de fusil en avant de Voghera, assis en rond autour d'une large marmite, où mijotaient, pour le déjeuner de l'escouade, quelques tranches de lard dans beaucoup d'eau ; tout à coup une pétarade de coups de fusil assez vive se fait entendre dans la direction des hauteurs de Casteggio.

« Nous nous levons, il fallait voir avec quelle rapidité !

« Nous sautons sur nos armes et nous attendons.

« Pendant dix minutes, rien ; la fusillade continuait, nous apercevions une grande animation dans nos grand'gardes.

« Nous n'étions là que deux compagnies de soutien, ce n'était guère, vous pensez, en cas d'attaque. Notre capitaine allait et venait, les coups de feu paraissaient se rapprocher, et toujours rien des grand'gardes, rien de Voghera.

« C'était à n'y rien comprendre.

« Nous écoutions, la main crispée sur le canon de nos carabines. Tout à coup le *qui vive !* des sentinelles avancées se fait entendre, et il est répété par les grand'gardes.

« Un cavalier lancé au galop, tête nue, couvert de boue et de sang, passe auprès de nous; il portait l'uniforme d'officier de cavalerie sarde. Couché sur les crins de sa bête, il lui labourait les flancs à coups d'éperon : son sabre nu pendait au poignet droit; il nous cria : *Aux armes ! les Autrichiens !* Et il disparut au tournant du chemin.

« Nous voulions partir, quelques-uns s'étaient élancés en avant : le capitaine se jeta au travers de la route, en menaçant de passer son sabre dans le ventre du premier qui bougerait.

« Et il l'aurait fait! Nous sommes rentrés dans l'ordre. Il n'y avait pas cinq minutes que l'officier sarde était passé, nous entendîmes les clairons sonner le rappel au camp, et presque au même instant le général Forey, avec trois aides de camp, passait ventre à terre; derrière lui, au pas gymnastique, suivait le 17e chasseurs qui nous rallia, et un quart d'heure après nous nous jetions en tirailleurs le long d'une petite rivière dont le nom m'échappe.

« Notre mission était de protéger l'établissement d'une batterie destinée à battre en brèche la tête de la colonne autrichienne. Sur l'indication du lieutenant, mes douze hommes et moi nous nous portâmes derrière un pli de terrain parfaitement commode pour masquer notre feu et nous mettre à couvert.

« Nous n'étions pas couchés le ventre dans la boue, qu'une poignée de Tyroliens, cachés par les arbres de gauche, ouvrent le feu sur nos camarades, beaucoup plus découverts que nous ne l'étions. En moins de temps que je n'en mets à vous l'écrire, ils nous avaient couché quinze des nôtres par terre. Cela nous mit en rage; mes hommes et moi, sans nous concerter, sans nous le dire, nous sautons à l'eau et nous courons à la baïonnette sur les trente ou quarante chasseurs que nous apercevions, et derrière lesquels on en apercevait d'autres. Notre exemple entraîne trois compagnies, et bientôt un bataillon du 74e. Mal nous en a pris : accueillis par un feu bien nourri, nous avons dû rétrograder, car nous n'avions plus à faire à quelques centaines de Tyroliens, mais bien à une colonne énorme, forte d'au moins huit mille hommes, qui s'avançait par la chaussée du chemin de fer.

« Nous gênions nos artilleurs : le commandant Lacretelle fait sonner la retraite, nous frémissions de colère. Heureusement nous ne reculâmes guère ; on nous établit près de la Cassina-Nova, avec ordre de faire feu à volonté, le plus possible.

« Donc, pendant deux heures, debout, à genoux, cachés, allant à droite, courant à gauche, immobiles, nous avons brûlé nos cartouches, les premières ! Nous n'étions pas à plus de deux cent cinquante mètres de l'ennemi.

« Les officiers nous retenaient parce que nous n'étions pas en nombre pour courir à *la fourchette !* Du reste, c'était le plus prudent : cette fusillade meurtrière pour les uniformes blancs, ne nous faisait que peu de mal. Nos balles coniques pénétraient toutes dans ces masses profondes, celles des Autrichiens sifflaient à nos oreilles et nous respectaient.

« C'est la première fois que je voyais le feu, et je n'étais pas le seul. Eh bien ! j'ai été content de moi. Dame ! j'ai *salué* les premières balles, c'est vrai ; mais Henri IV, dit-on, en faisait autant au commencement de chaque bataille.

« Puis, c'est là un effet physique indépendant de la volonté.

« Mais, ce tribut payé, Monsieur, si vous saviez comme chaque détonation électrise ! C'est comme un coup de fouet dans les jambes pour un cheval de course.

« Les projectiles sifflent à vos oreilles, soulèvent la terre autour de vous, tuent l'un, blessent l'autre : c'est à peine si vous y faites quelque attention. Vous êtes gris, l'odeur de la poudre prend à la gorge et monte au cerveau. L'œil s'injecte de sang ; le regard est fixe, tendu sur l'ennemi. Il y a de toutes les passions dans cette passion terrible qu'éveille chez un soldat la vue du sang et le bruit du combat.

« Ainsi que je vous le disais plus haut, notre compagnie n'a pas eu trop à souffrir de cet engagement *à la cible*. Mon sous-lieutenant, M. R..., a été blessé au moment où il venait de jeter à bas son troisième Autrichien avec le fusil de mon sergent-major, tué raide de deux balles, l'une à la tête, l'autre au cou.

« Nos artilleurs, pendant ce temps, faisaient merveille, et leurs boulets perçaient à jour les rangs ennemis, qui ripostaient d'ailleurs en fort bons termes.

« Tout cela finit par où l'on aurait peut-être dû commencer. Le colonel Dumesnil tombe de cheval, blessé ; on l'entoure, on crie : *A la baïonnette !* et nous nous jetons à corps perdu sur les Croates.

« Ils nous reçoivent avec fermeté, cela augmente la rage générale ; le lieutenant F... nous crie : « Mes enfants, avec la crosse ! » et voilà les crosses en l'air. Le désordre se met dans les rangs ennemis ; nous employons alors la baïonnette et nous les reconduisons vivement à Montebello. Là, c'était bien une autre affaire : ils se retranchaient dans les maisons, ils tiraient par les fenêtres ; il fallait faire la courte échelle pour arriver à eux.

« J'ai vu le général Beuret, se multipliant, intrépide, bravant les balles, le sabre au poing. Il allait par les rues, donnant ses ordres, actif et calme cependant. Je l'ai encore devant les yeux ! Au coin d'une maison cernée par quatorze chasseurs, un capitaine venait d'être frappé, il roule, le général s'élance vers lui. On le relève, il retombe. « Il est mort, » dit-il. Le général Forey s'avançait, deux trompettes à ses côtés, derrière lui un officier d'état-major.

« Notre pauvre général l'aborde, ils échangent quelques mots après s'être serré la main. « Tout va bien ! » disaient-ils ; ils font dix pas, cinq Tyroliens pourchassés fuyaient devant eux ; soudain ils se retournent, on les serrait de près ; ils tirent, le général Beuret lâche les rênes, chancelle, et, soutenu par quelques soldats rend le dernier soupir.

« On se jette sur les Tyroliens, on les met en pièces; le 84ᵉ s'exaspère, il ne fait plus de quartier, l'ennemi commence à battre en retraite. Il sacrifie 300 hommes qui protégent sa fuite par un feu terrible derrière les retranchements improvisés qu'ils s'étaient faits dans le cimetière.

« Je n'étais pas à cette attaque, qui a été la plus meurtrière de la journée; on nous avait envoyé à la poursuite des fuyards, que nous poussâmes jusqu'à Casteggio.

« Ah ! si nous avions eu de la cavalerie !

« On me dit que les Sardes se sont admirablement conduits; je le crois, car leurs morts jonchaient le sol, criblés de blessures, mutilés par les baïonnettes autrichiennes.

« J'ai été assez heureux pour mettre la main sur un bambin de dix-sept ans, sous-lieutenant, qui se battait comme un petit tigre. Mon caporal allait lui larder les côtes; j'ai relevé le fusil d'un coup de crosse, et j'ai pris le bonhomme au collet pour lui éviter d'autres désagréments.

« Rends-toi donc, moutard, lui criai-je.

« Il me tendit son épée.

« C'est un cadet de famille, blond, grêle, insolent; je lui ai sauvé la vie, et il ne m'a seulement pas remercié. Je n'ai pas une égratignure, merci Dieu! Sauf ma montre d'argent perdue dans la bagarre, et que j'ai remplacée ce matin par le chronomètre en or d'un commandant autrichien, je n'ai pas un cheveu qui manque à l'appel.

« Les prisonniers que nous avons faits (j'en ai déjà compté plus de 80) sont tous hâves, déguenillés, laids à faire peur. Ils étaient contents de tomber dans nos mains : il fallait voir !

« Nous sommes revenus coucher à Montebello le soir même; j'ai dormi dans une grange comme un bienheureux. Ce qui m'afflige le plus, c'est que ma carabine, mon pantalon et ma pipe sont hors de service.

« L'Empereur est venu visiter le champ de bataille et les

blessés ; il a embrassé le général Forey et le colonel Cambriels avec effusion, en les remerciant au nom de toute l'armée de cette victoire. »

L'armée sarde a fait dans cette rencontre une perte douloureuse, celle de M. Morelli, colonel de la cavalerie piémontaise.

« Accablé par le nombre des assaillants, il avait dû se retirer de Montebello, défendant le terrain pas à pas. Aussitôt nos troupes arrivées et en ligne, le colonel Morelli, se précipitant à fond de train, chargea par trois fois, avec ses deux escadrons, sur des milliers d'Autrichiens, les força d'éloigner deux canons qui gênaient beaucoup les nôtres, et leur tua une masse de monde avec les lances de ses chevau-légers. Comme, debout sur ses étriers, il frappait lui-même tout ce qui se trouvait devant lui, un fantassin lui plongea sa baïonnette dans le ventre, et il tomba blessé à mort, mais se défendant néanmoins encore jusqu'à ce que ses soldats fussent venus le dégager. Il expira dans la nuit, à Voghera. D'unanimes regrets ont salué cette perte parmi les deux camps alliés »

Après la bataille et les cris de victoire, viennent les infirmiers et les cris de douleur. Voici comment M. Amédée Achard rend compte de ce tableau pénible et émouvant :

« L'heure triste a été l'arrivée des blessés à la gare du chemin de fer. Il faisait nuit ; des torches éclairaient la voûte ; de chaque wagon sortaient lentement des formes indécises ; celles-ci raides et portées à bras, d'autres animées. Tout soldat qui pouvait marcher tenait à honneur de garder son sac et son fusil. Ils restaient fièrement debout, l'arme au pied, attendant les fourgons. Le silence était profond. Pas un cri, pas une plainte. A voir ces hommes immobiles, on aurait pu croire qu'ils revenaient d'une promenade; mais là une capote était trouée, ici une buffleterie avait perdu sa couleur; ailleurs un képi cachait mal un bandage tacheté; plus loin un mouchoir s'enroulait autour d'une jambe un peu tremblante ou soutenait un bras.

« Un grenadier s'appuyait contre le mur, le visage contracté, les deux mains croisées sur le fusil, la tête basse. On lui demanda ce qu'il avait :

« — C'est que mon pays est mort, dit-il.

« Quant à lui, il avait quatre blessures et n'en parlait pas.

« Un sergent-major en a dix-sept. L'Empereur a pris son nom.

« D'autres blessés, évacués de Voghera, sont arrivés aujourd'hui à Alexandrie.

« La cavalerie sarde a montré une obstination qui a été bien souvent fatale aux Autrichiens. Décimée par le feu, elle est revenue six fois à la charge. Les chevaux n'allaient plus que les hommes frappaient encore. Un seul escadron a eu 57 chevaux atteints sur 120.

« Un Piémontais à barbe grise est arrivé après la bataille à Montebello pour voir son fils, blessé d'un coup de feu à la main. Comme il sortait de la maison où le jeune cavalier avait été porté, on l'interrogea sur la blessure :

« — Oh ! une égratignure, dit-il; il faudra lui couper le poignet, ce qui ne l'empêchera pas de monter à cheval ! »

Ainsi, le 20 mai 1859, l'armée française remportait une victoire sur le même terrain où, le 9 juin 1800, à la même heure, le général Lannes, avec douze mille hommes, gagna la bataille sur les Autrichiens; seulement Lannes occupait les positions des troupes du comte de Stadion; ce qui a fait dire avec justesse : que l'ennemi n'avait pas su prendre en 1859 ce qu'il n'avait pas su défendre en 1800.

Nous ne pouvons mieux terminer ce chapitre qu'en répétant les paroles de l'Empereur : « Nous allons enfin sur cette « terre classique, illustrée par tant de victoires, retrouver « les traces de nos pères. Dieu fasse que nous soyons dignes « d'eux !... »

Dieu a voulu que nous fussions dignes de nos pères, et son doigt l'a écrit à Montebello !...

CHAPITRE V.

COME. — PALESTRO. — TURBIGO.

> Les nouvelles armes de précision ne sont dangereuses que de loin ; elles n'empêcheront pas la baïonnette d'être, comme autrefois, l'arme terrible de l'infanterie française.
>
> (ORDRE DU JOUR DE L'EMPEREUR A L'ARMÉE D'ITALIE.)

Après le combat de Montebello, Napoléon III jugeant toute la témérité qu'il y aurait à vouloir traverser le Pô en face de l'ennemi massé sur la rive opposée, résolut de tourner l'obstacle et de donner le change aux Autrichiens sur ses véritables projets, en faisant occuper Casteggio et Bobbio.

« Un soir, écrit de Casteggio, à la *Sentinelle du Jura*, un jeune sous-officier, on nous avertit de filer sans bruit, en tournant le dos aux Autrichiens. Ma division s'est mise en marche à trois heures du matin, et après une série d'évolutions, de mouvements en avant, de conversions par le flanc droit, de conversions par le flanc gauche, de déploiement en tirailleurs le long du Pô, nous avons reçu tout à coup ordre de nous porter sur le chemin de fer, qui nous a mené à Casale; je ne suis pas stratégiste, mais il me semble que cette manœuvre, destinée à tromper les Autrichiens sur la véritable position du gros de l'armée, est un chef-d'œuvre d'habileté. »

Aussi ce grand mouvement stratégique de l'armée française, suivi des victoires de Palestro, Turbigo et Magenta, a forcé le *Times* de rendre enfin justice à l'Empereur, et comme l'éloge d'un tel ennemi ne peut être accusé de partialité, nous citons cet article de la feuille anglaise :

« Quiconque, dit-elle, voit la manière dont la magnifique armée française a été rassemblée en Italie et pourvue de tout, comme elle a été protégée contre toute tentative de l'ennemi pour l'inquiéter, et comme elle est transportée avec une rapidité merveilleuse sur tous les points où sa présence est nécessaire; quiconque voit tout cela, admire le génie organisateur de l'Empereur Napoléon III ; car c'est lui qui préside à tout cet ensemble et guide les opérations. Il y a quatre ou cinq jours, le gros de l'armée française était échelonné de Voghera, le long du Pô, jusqu'à Alexandrie, et de là à Valence et Casale ; aujourd'hui, cette masse, à l'exception de la garde, a passé la Sésia sans confusion, sans accident et avec une habileté extrême. »

Une manœuvre stratégique qu'il ne faut pas oublier et qui entrait dans les plans de l'Empereur, afin de dérouter et d'occuper l'ennemi, c'est la pointe que fit Garibaldi et ses volontaires sur Vareze et sur Côme. Ce hardi chef de partisans après avoir traversé heureusement le Tessin à Sesto-Calende se dirigea sur Vareze, où il battit les Autrichiens au nombre de cinq mille, et s'empara de la ville, qui proclama avec enthousiasme la dictature de Victor-Emmanuel. De Vareze, Garibaldi marcha sur Côme, où il battit de nouveau les ennemis, voici, du reste, une narration émouvante de ce fait d'armes que nous empruntons à la *Sentinelle du Jura* :

Côme, 30 mai.

« Mon cher frère,

« Je t'ai écrit avec quels transports d'enthousiasme avait

été accueillie la déclaration de guerre à l'Autriche ; notre petit comité de Français l'a fêtée dignement.

« Nous étions fort intrigués depuis quelques jours des allées et venues de la garnison, fréquemment changée, partant pour une semaine et rentrant ensuite accablée de fatigue, parfois avec du butin et des blessés.

« Le nom de Garibaldi, prononcé à voix basse par les officiers autrichiens lorsqu'ils causaient entre eux, nous mit sur la voie. C'était lui que les Autrichiens cherchaient ; ce chef de partisans leur causait de vives inquiétudes.

« Nous sûmes par un agent carbonariste de Varèse que Garibaldi méditait un coup de main sur notre province ; nous l'encourageâmes fortement à donner au hardi général des détails précis sur les forces autrichiennes, détail que nous avions de bonne source.

« Il partit en les emportant, et j'ai su depuis que c'est à ces révélations que nous avons dû notre délivrance.

« Garibaldi n'a pas tardé.

« Jeudi, dans la matinée, bien avant le jour, nous fûmes réveillés par un vacarme épouvantable ; les soldats parcouraient les rues en s'appelant les uns les autres, le clairon sonnait, le tambour battait le rappel, l'artillerie ébranlait les rues, les chevaux passaient au galop.

« Les habitants fermaient leurs volets, d'autres ouvraient leurs portes, d'autres descendaient à leurs caves pour s'y préparer un abri ; puis tout rentra dans l'ordre le plus complet.

« Un silence de mort s'étendit sur notre cité. A chaque extrémité de chaque rue nous aperçûmes, en nous levant, un factionnaire, l'arme au bras, le fusil chargé et amorcé.

« Défense aux habitants d'ouvrir leurs fenêtres et leurs portes, défense de sortir sous peine de recevoir un coup de fusil.

« L'ordre était formel ; il fut publié quelque temps après.

« Le bruit d'une défaite des Autrichiens avait circulé la veille ; je ne savais que penser.

« Vers le soir, un aide-de-camp entra au galop par la porte de Pline, prit un cheval frais à la poste ; et, après avoir bu un verre de vin de France, suivit la direction de Camerlata ; il passa sous mes fenêtres.

« La consigne se relâcha un peu, on commençait à sortir. A onze heures, une musique militaire des plus bruyantes tira les citoyens de leur torpeur ; nous vîmes défiler toute une brigade avec de la cavalerie et des caissons.

« Elle prit la route de Varèse.

« Aux premiers rayons du soleil, une canonnade épouvantable éclata de ce côté.

« Vers dix heures, plus de quarante mulets chargés de blessés arrivèrent au trot.

« A midi et demi, les fuyards furent aperçus dans les environs, ils se cachaient.

« Vers trois heures, les coups de feu se rapprochèrent.

« Un quart d'heure ne s'était pas écoulé, que deux mille hommes couverts de poussière, de sueur, de sang et noirs de poudre, débordaient par le faubourg de Varèse, revenant de Borgho-Vico.

« On voulut les rallier : la voix des chefs était impuissante; de nouveaux fuyards se jetèrent au milieu d'eux, et toute cette masse roulante se rua jusqu'à Camerlata.

« A peine le torrent avait-il passé, laissant derrière lui ses blessés, des sacs, des armes, que la grosse cloche de la cathédrale jeta au vent ses notes lugubres; puis, l'une après l'autre, les églises retentirent d'un glas terrible qui répétait d'une voix sourde et lente :

Armez-vous donc !
Armez-vous donc !

« Si tu avais vu, mon cher frère, cette ville muette éveillée comme en sursaut par une voix si connue! On n'a pas idée d'un pareil prodige.

« Les armes cachées sortaient par miracle des armoires secrètes : les hommes jaillissaient du sol, ils se répandaient par les rues, et, une heure après, dix mille paysans se jetaient au devant de Garibaldi. Il a traversé la ville au galop. Je n'ai pu l'apercevoir cette fois; mais j'ai admiré derrière lui ses hommes, ses démons noirs, leur lourde carabine sautant sur l'épaule; ils couraient avec une rapidité que je n'eusse guère attendue d'hommes si fatigués, après un combat de six heures.

« La lutte a recommencé à la tête du chemin de fer de Milan.

« On n'a guère tiré de coups de fusil, et la besogne n'a pas été longue. Les Autrichiens ont bien vite lâché pied. A six heures, le général rentrait solennellement avec cinq mille héros.

« Quel spectacle!

« Je n'ai fait qu'entrevoir Garibaldi.—Il est haut de taille, large d'épaules, une tête de lion sur un torse d'athlète. Sa longue barbe noire, hérissée, inculte, ses yeux brillants qui lancent l'éclair, son chapeau de feutre noir ruisselant de plumes noires, son manteau écarlate noué autour de son cou, en font un personnage extraordinaire.

« Il inspire à sa petite armée une confiance qui n'a d'égale que la terreur qu'il inspire aux ennemis.

« Toujours le premier au combat, poussant son cheval dans les bataillons les plus épais, mettant pied à terre pour saisir un fusil, luttant corps à corps comme le dernier soldat, il donne l'exemple de la bravoure la plus rare et du sang-froid le plus étonnant.

« On prétend qu'il a harangué ses troupes avant de les mener à l'ennemi :

« Mes enfants, vous êtes un contre cinq. Devant vous la « mort; derrière, les fusils de vos camarades, qui tueront « comme un chien le premier qui recule.

« Nous n'avons pas de canons, il faudra en prendre. Que « nous soyons tués, peu importe; il faut qne l'Italie soit « libre. Voilà notre seule récompense. »

« Le soir de cette belle journée, nous avons tous illuminé. La ville était en fête ; quelles joies, quelles liesses ! Tous ces braves enfants ont été traités comme s'ils eussent été à nous.

« Ils repartent déjà ; mais Côme est libre, Côme n'est plus autrichienne ! »

La puissante diversion de Garibaldi et ses succès électrisèrent l'armée piémontaise qui, daus la journée du 30 mai, passa la Sésia et repoussa l'ennemi victorieusement à Palestro, Vinzaglio et Casalino. Le lendemain 31 mai, l'ennemi, au nombre de trente-cinq mille hommes, revint pour occuper le village de Palestro, et un second combat beaucoup plus long, beaucoup plus meurtrier eut lieu sur toute la ligne. Voici le rapport envoyé à son Excellence le ministre de la guerre sur la part que prit à cette affaire le 3e régiment de zouaves.

Palestro, le 31 mai 1859

« Vers les neuf heures du matin, le 3e régiment de zouaves venait d'établir son bivouac sur la droite de ce village et sur la droite du canal della Cascina, ayant devant lui cet obstacle, lorsque quelques coups de canon suivis d'une fusillade assez vive engagée avec des bersaglieri et autres troupes sardes déployées devant le 3e zouaves en tirailleurs, annoncèrent l'approche de l'ennemi. Le colonel fit prendre les armes à son régiment et le porta à environ cinq cents mètres sur sa droite, du côté où la fusillade était le plus vivement engagée.

« Les Autrichiens, qui avaient pris l'offensive, s'avancèrent rapidement.

« On fit d'abord déployer quatre compagnies en tirailleurs dans les blés qui couvraient les hommes, et le régiment fut formé en colonne d'attaque.

« La fusillade s'engagea aussitôt très-vivement; en ce moment le colonel s'aperçut qu'une forte colonne, appuyée par de l'artillerie, cherchait à tourner la position, ainsi que le village même de Palestro.

« Il lança alors tout le régiment contre les masses ennemies.

« Après avoir franchi rapidement le canal qui était en avant d'eux, profond d'un mètre environ, les zouaves abordèrent résolûment l'ennemi à la baïonnette et enlevèrent de suite trois pièces de canon, qui leur avaient fait essuyer un feu meurtrier.

« En voyant les zouaves sur les hauteurs où étaient les pièces, l'ennemi s'enfuit en désordre. Deux autres pièces de canon, qu'ils avaient en arrière, furent enlevées comme les premières.

« De là la colonne d'attaque s'élança sur le gros de l'ennemi, dans la direction du pont de Cofianza, sur la rivière de la Busca.

« Ce pont était fortement défendu par deux pièces d'artillerie.

« Les Autrichiens, qui avaient imprudemment engagé une partie de leurs masses en avant de cette rivière, furent violemment refoulés par le choc impétueux de nos hommes; ils furent presque tous anéantis, dans l'impossibilité où ils s'étaient mis d'effectuer leur retraite.

« Plus de six cents restèrent prisonniers entre nos mains: un grand nombre, que l'on peut évaluer à huit cents, se noyèrent en cherchant à passer la rivière de la Busca. Beaucoup d'autres furent tués sur place.

« Quoique le pont de la Busca fût obstrué par les deux pièces de canon et les chevaux attelés à ces pièces (trois étaient tués), le colonel fit passer des hommes sur l'autre rive, et après en avoir formé une colonne assez forte, il continua son mouvement en avant.

« L'ennemi, soutenu par ses réserves, continua sa retraite en bon ordre, en nous abandonnant encore deux pièces de canon.

« Il fut poursuivi jusqu'à la rivière de Ritzza-Biraza, au village de Robbio.

« Là s'arrêta le mouvement en avant; l'ennemi, déjà éloigné, continuait à effectuer rapidement sa retraite.

« Le 3e de zouaves a pris neuf canons, fait environ sept cents prisonniers, dont neuf officiers.

« De notre côté, les pertes ont été sensibles :

« Quarante-six tués, dont un capitaine.

« Deux cent vingt-neuf blessés, dont quinze officiers.

« Vingt disparus (ces hommes ont roulé dans la rivière de la Ritzza-Biraza en y précipitant les Autrichiens). »

Le roi Victor-Emmanuel qui acquit beaucoup de gloire dans cette journée, par son élan au feu et sa valeur, nous dirons plus, sa témérité chevaleresque, fit mettre à l'ordre du jour la proclamation qui suit :

« Du quartier général principal, à Torrione, le 31 mai 1859.

« Soldats, aujourd'hui un nouvel et éclatant fait d'armes a été signalé par une nouvelle victoire. L'ennemi nous a vigoureusement attaqués dans la position de Palestro; portant de puissantes forces contre notre droite, il voulait empêcher la jonction de nos soldats avec ceux du maréchal Canrobert.

« Le moment était suprême. Notre force était numériquement bien inférieure à celle de l'adversaire. Mais il avait en face de lui les braves troupes de la 4e division, sous les ordres du général Cialdini, et l'incomparable 3e régiment de zouaves (*l'impareggiabile 3e regimento dei zuavi*) qui, combattant en ce jour avec l'armée sarde, a puissamment contribué à la victoire.

« La lutte a été meurtrière, mais à la fin les troupes alliées ont repoussé l'ennemi après lui avoir fait subir des pertes très-sérieuses, parmi lesquelles figurent un général et plusieurs officiers. Les prisonniers autrichiens s'élèvent à mille environ; huit canons ont été pris à la baïonnette, cinq par les zouaves, trois par les nôtres.

« Pendant que se livrait le combat de Palestro, le général Fanti, avec un égal succès, repoussait, à la tête des troupes de sa division, une attaque des Autrichiens contre Confienza. Sa M. l'Empereur, en visitant le champ de bataille, a exprimé ses félicitations les mieux senties, et il a apprécié l'immense avantage de cette journée.

« Soldats, persévérez dans votre conduite sublime, et je vous assure que le ciel couronnera votre œuvre si courageusement commencée.

« VICTOR EMMANUEL. »

Outre cette proclamation, le roi de Sardaigne, pour témoigner au 3e de zouaves toute son admiration pour leur héroïque conduite, adressa à M. de Chabron, son colonel, la lettre suivante :

« Torrione, le 1er juin 1859.

« Monsieur le colonel,

« L'Empereur en plaçant sous mes ordres le 3e régiment de zouaves, m'a donné un précieux témoignage d'amitié. J'ai pensé que je ne pouvais mieux accueillir cette troupe d'élite qu'en lui fournissant immédiatement l'occasion d'ajouter un nouvel exploit à ceux qui, sur les champs de bataille d'Afrique et de Crimée, ont rendu si redoutable à l'ennemi le nom de zouaves.

« L'élan irrésistible avec lequel votre régiment, monsieur le colonel, a marché hier à l'attaque, a excité toute mon admiration.

« Se jeter sur l'ennemi à la baïonnette, s'emparer d'une batterie en bravant la mitraille, a été l'affaire de quelques instants.

« Vous devez être fier de commander à de pareils soldats, et ils doivent être heureux d'obéir à un chef tel que vous.

« J'apprécie vivement la pensée qu'ont eue vos zouaves de conduire à mon quartier général les pièces d'artillerie prises aux Autrichiens, et je vous prie de les remercier de ma part. Je m'empresserai d'envoyer ce beau trophée à sa Majesté l'Empereur, auquel j'ai déjà fait connaître la bravoure incomparable avec laquelle votre régiment s'est battu hier à Palestro et a soutenu mon extrême droite.

Je serai toujours heureux de voir le 3e régiment de zouaves combattre à côté de mes soldats et cueillir de nouveaux lauriers sur les champs de bataille qui nous attendent.

« Veuillez, monsieur le colonel, faire connaître ces sentiments à vos zouaves. VICTOR EMMANUEL. »

On dit que les zouaves, pour ne pas rester en retard de politesse, acclamèrent Victor-Emmanuel et lui firent présenter, avec les canons pris par eux sur l'ennemi, le brevet de *caporal* de la première compagnie du premier bataillon du 3e de zouaves.

Voici quelques anecdotes relatives à Palestro qui sont envoyées au *Journal des Débats* par son correspondant, M. Amédée Achard :

« Parmi les blessés amenés hier à Verceil, se trouvait un jeune homme de vingt-deux ans, qui a fait toutes ses études à Paris, où il a passé cinq ou six ans. Il se trouvait au combat de Confienza. A la vue des zouaves qui couraient sur eux la baïonnette en avant : « Camarades, s'écria-t-il, ce sont les « zouaves, nous sommes perdus ! »

« Un moment après il tombait , et ses camarades s'apercevaient qu'il avait dit vrai.

« Un officier autrichien, qui dînait hier à la gare du chemin de fer, racontait que le général Jellachich, frappé d'étonnement à l'aspect de ces soldats qui s'élançaient au-devant des boulets, s'était écrié : « Mais ce ne sont pas des hommes, « ce sont des tigres ! »

« Et il ajouta à demi-voix : « On me l'avait dit, mais je « ne le croyais pas. »

« C'est à n'y rien comprendre, disait un major fait prisonnier ce jour-là ; nous étions persuadés que notre position était inexpugnable. Quand nous avons vu ces hommes courir au-devant des bouches à feu qui tiraient à mitraille, sauter dans le canal, gravir la berge et courir encore sans lâcher un coup de fusil, nos bataillons ont tremblé comme un troupeau de moutons au milieu desquels tombe un loup; rien n'y a fait, ni les ordres, ni les menaces; ils se sont débandés... Et cependant ces soldats sont braves et disciplinés... , ils resteraient tout un jour impassibles sous le feu..., mais cette manière de faire la guerre, cet abordage à la baïonnette les terrifie... Je vous l'ai dit, je n'y comprends rien. »

« On a vu, à ce même combat du 31, des soldats lever leurs crosses en l'air et tomber à genoux ; d'autres jetaient leurs armes et restaient immobiles comme paralysés.

« Dans la mêlée, un zouave reçoit au visage un coup de baïonnette mal assuré qui lui déchire la joue. Il regarde son adversaire et hausse les épaules :

« —Imbécile ! lui dit-il, est-ce comme ça qu'on lance un coup de baïonnette ? tiens, voilà comment ça se pratique ? »

« Et il enfonça jusqu'à la garde son arme terrible dans le corps de l'Autrichien. »

Les deux combats glorieux de Palestro ayant permis à l'Empereur de faire suivre à ses corps d'armée leur mouvement vers le Tessin, Sa Majesté ordonna la construction de ponts sur cette rivière, et chargea le général de Mac-Mahon de la traverser et de s'établir fortement sur la rive lombarde. C'est en exécutant cet ordre que le général ajouta un nouveau laurier à son nom par le rapide et savant combat de Turbigo, dont nous donnons des détails extraits du rapport même du général :

« D'après les ordres de Votre Majesté, le 2e corps a quitté Novare ce matin, à huit heures et demie, pour se porter sur Turbigo et y franchir le Tessin sur le pont qui y a été jeté la nuit dernière, sous la protection de la division des voltigeurs de la garde impériale.

« Au moment de mon arrivée à Turbigo, j'ai trouvé une brigade de cette division sur la rive droite du Tessin, occupant le village et ses abords de manière à nous assurer la libre possession du pont, et surveillant la vallée en aval du village.

« L'autre brigade de la division Camou était sur la rive droite.

« La tête de colonne de la 1re division du 2e corps franchissait le pont vers une heure et demie. Au moment où m'étant porté en avant de Turbigo je reconnaissais le terrain et que je visitais les hauteurs de Robecchetto pour y établir les troupes, je m'aperçus tout à coup que j'avais à quelque 500 mètres de moi une colonne autrichienne qui paraissant venir de Buffalora, marchait sur Robecchetto avec l'intention évidente d'occuper ce village. »

Ici le rapport entre dans des détails topographiques et stratégiques que nous omettons pour passer de suite à la lutte avec l'ennemi.

« Vers deux heures, le général de la Motterouge marchait avec ses trois bataillons sur Robecchetto, suivi d'une batterie de la réserve générale de l'armée, dirigée par le général Auger en personne.

« Les colonnes de tirailleurs algériens, enlevées avec la plus grande vigueur, à la voix du général de la Motterouge et à celle de leur colonel, marchèrent résolûment sur Robecchetto sans faire usage de leur feu.

« Accueillis à l'entrée du village par une très-vive fusillade, nos tirailleurs se précipitèrent tête baissée sur les Autrichiens qui en défendaient les abords. Dans l'intérieur du village seulement ils firent usage de leur feu, et puis aussitôt se précipitèrent à la baïonnette sur tous ceux qui essayaient de résister et de leur barrer le passage. En dix minutes l'ennemi était délogé du village et en retraite sur la route par laquelle ils étaient venus. A la sortie du village, il voulut user de son artillerie, et nous envoya une douzaine de coups à mitraille qui n'arrêtèrent en rien l'élan de nos soldats. Notre artillerie riposta par des coups heureux qui ébranlèrent tout à fait les colonnes ennemies et les mirent alors dans une déroute complète. Les tirailleurs les poursuivirent au pas de course jusqu'à deux kilomètres en avant de Robecchetto et en tuèrent un grand nombre. Le général Auger, en faisant prendre à la batterie quatre positions successives et très-heureusement choisies, leur fit aussi beaucoup de mal.

« C'est dans une de ces positions que le général Auger,

croyant apercevoir dans les blés une pièce autrichienne ayant quelque peine à suivre le mouvement de retraite de l'ennemi, se précipita au galop sur elle et s'en empara. Près de la pièce, gisait à terre le commandant de la batterie, coupé en deux par un de nos boulets.

« Pendant que ceci se passait vers Robecchetto, une tête de colonne de cavalerie autrichienne se présentait sur notre gauche, venant de Castano. Je portai un bataillon du 65e et deux pièces de canons à sa rencontre. Deux boulets suffirent pour la décider à se retirer précipitamment.

« L'ennemi a éprouvé des pertes considérables. Le champ de bataille est couvert de ses morts et d'une quantité considérable d'effets de toute nature qu'il a laissés entre nos mains, effets de campement, sacs complets qu'il a jetés sur le lieu du combat pour fuir avec plus d'agilité. Nous avons ramassé des armes, carabines et fusils. Nous avons fait peu de prisonniers, ce qui s'explique par la nature du terrain sur lequel l'engagement a eu lieu. »

Ainsi, comme l'avait recommandé l'Empereur, la baïonnette, cette arme terrible de l'infanterie française, fut employée victorieusement à Palestro et à Turbigo, comme elle l'avait été déjà à Montebello; et cela à la gloire de la France, et au profit de l'indépendance de l'Italie.

CHAPITRE VI.

MAGENTA. — MILAN. — MARIGNAN.

> L'épée victorieuse de Napoléon Ier n'a rien perdu de son éclat et de sa gloire pour être passée dans les mains de Napoléon III.
>
> (MANDEMENT DE S. Em. LE CARDINAL DE BONALD A L'OCCASION DU TE DEUM POUR LA VICTOIRE DE MAGENTA.)

L'Empereur à l'Impératrice.

« Pont de Magenta, onze heures trente minutes du soir.

« Une grande victoire.
« Cinq mille prisonniers.
« Quinze mille ennemis tués ou blessés.
« A plus tard les détails. »

Telle fut la dépêche que les Lyonnais lurent avec avidité dans la journée du 5 juin, sur tous les murs de la ville. Un élan de joie et un frisson de terreur coururent un instant dans la foule... *Quinze mille ennemis tués ou blessés!*.... Quelle sanglante bataille!..... quelles pertes regrettables nous avons dû faire!..... Puis la joie du triomphe l'emportant sur ce premier mouvement du cœur en faveur des victimes des deux camps, la ville arbora ses drapeaux d'allégresse, et les principales rues furent pavoisées et illuminées.

Une grande victoire!... C'était le prix de la science militaire de l'Empereur et du courage héroïque de nos valeureuses légions.

Une grande victoire!... C'était la délivrance du Piémont, l'indépendance de l'Italie, la gloire de la France.

Une grande victoire!... C'était la chute du cabinet Derby, le raffermissement de nos alliances, la prudence inspirée à l'Allemagne.

Une grande victoire!... C'était le premier coup d'épée de Napoléon, et ce coup d'épée égalait celui de Marengo par sa vigueur et ses conséquences.

Milan comme Alexandrie aura son champ de bataille à faire visiter et son ossuaire de braves, amis et ennemis, sur lequel les voyageurs et les touristes jetteront des fleurs cueillies dans les prairies de Magenta.

Décrire dans ses phases cette sanglante bataille est chose assez difficile si l'on veut rendre hommage à la valeur de tous, car cette grande lutte a eu cent petits combats où l'héroïsme de nos soldats s'est surpassé, où l'élan et l'abnégation de nos officiers ont été vraiment admirables. Partout, sur toute la ligne, au centre comme aux deux ailes, ce cri français : *En avant!... en avant!...* pour pouvoir dire ensuite victoire! victoire!.....

Le bulletin officiel de la bataille de Magenta est si clair, si vrai, si précis que sa lecture suffira pour bien faire comprendre la double action qui après une lutte acharnée s'est résumée en une importante victoire :

« La journée du 4 avait été fixée par l'Empereur pour la prise de possession définitive de la rive gauche du Tessin. Le corps d'armée du général de Mac-Mahon, renforcé de la division des voltigeurs de la garde impériale et suivi de toute l'armée du roi de Sardaigne, devait se porter de Turbigo sur Buffalora et Magenta, tandis que la division des grenadiers de la garde impériale s'emparerait de la tête de pont de Buffalora, sur la rive gauche, et que le corps d'armée du maréchal Canrobert s'avancerait sur la rive droite pour passer le Tessin au même point.

« L'exécution de ce plan d'opération fut troublée par quelques-uns de ces incidents avec lesquels il faut compter à la guerre. L'armée du roi fut retardée dans son passage de la rivière, et une seule de ses divisions put suivre d'assez loin le corps du général Mac-Mahon.

« La marche de la division Espinasse souffrit aussi des retards, et, d'un autre côté, lorsque le corps du maréchal Canrobert sortit de Novare pour rejoindre l'Empereur, qui s'était porté de sa personne à la tête du pont de Buffalora, ce corps trouva la route tellement encombrée qu'il ne put arriver que fort tard au Tessin.

« Telle était la situation des choses, et l'Empereur attendait, non sans anxiété, le signal de l'arrivée du corps du général de Mac-Mahon à Buffalora, lorsque vers les deux heures il entendit de ce côté une fusillade et une canonnade très-vive : le général arrivait.

« C'était le moment de le soutenir en marchant vers Magenta. L'Empereur lança aussitôt la brigade Wimpffen contre les positions formidables occupées par les Autrichiens en avant du pont ; la brigade Cler suivit le mouvement. Les hauteurs qui bordent le Naviglio (grand canal) et le village de Buffalora furent promptement emportés par l'élan de nos troupes ; mais elles se trouvèrent alors en face de masses considérables qu'elles ne purent enfoncer et qui arrêtèrent leurs progrès.

« Cependant le corps d'armée du maréchal Canrobert ne se montrait point, et, d'un autre côté, la canonnade et la fusillade qui avaient signalé l'arrivée du général de Mac-Mahon avaient complètement cessé. La colonne du général avait-elle été repoussée, et la division des grenadiers de la garde allait-elle avoir à soutenir, à elle seule, tout l'effort de l'ennemi ?

« C'est ici le moment d'expliquer la manœuvre que les Autrichiens avaient faite. Lorsqu'ils eurent appris, dans la nuit du 2 juin, que l'armée française avait surpris le passage du Tessin, à Turbigo, ils avaient fait repasser rapidement ce fleuve, à Vigevano, par trois de leurs corps d'armée, qui brûlèrent les ponts derrière eux. Le quatre au matin, ils étaient devant l'Empereur au nombre de 125,000 hommes, et c'est contre ces forces si disproportionnées que la division des grenadiers de la garde, avec laquelle se trouvait l'Empereur, avait seule à lutter.

« Dans cette circonstance critique, le général Régnaud de Saint-Jean-d'Angély fit preuve de la plus grande énergie, ainsi que les généraux qui commandaient sous ses ordres. Le général de division Mellinet eut deux chevaux tués sous lui ; le général Cler tomba mortellement frappé ; le général Wimpffen fut blessé à la tête ; les commandants Desmé et Mandhuy, des grenadiers de la garde, furent tués ; les zouaves perdirent 200 hommes, et les grenadiers subirent des pertes non moins considérables.

« Enfin, après une longue attente de quatre heures, pendant laquelle la division Mellinet soutint sans reculer les attaques de l'ennemi, la brigade Picard, le maréchal Canrobert en tête, arriva sur le lieu du combat. Peu après parut la division Vinoy, du corps du général Niel, que l'Empereur avait fait appeler, puis enfin les divisions Renault et Trochu, du corps du maréchal Canrobert.

« En même temps, le canon du général de Mac-Mahon se faisait de nouveau entendre dans le lointain. Le corps du général, retardé dans sa marche, et moins nombreux qu'il n'aurait dû l'être, s'était avancé en deux colonnes sur Magenta et Buffalora.

« L'ennemi ayant voulu se porter entre ces deux colonnes pour les couper, le général de Mac-Mahon avait rallié celle de droite sur celle de gauche, vers Magenta, et c'est ce qui explique comment le feu avait cessé, dès le début de l'action, du côté de Buffalora.

« En effet, les Autrichiens se voyant pressés sur leur front et sur leur gauche, avaient évacué le village de Buffalora et porté la plus grande partie de leurs forces contre le général de Mac-Mahon, en avant de Magenta. Le 45e de ligne s'élança avec intrépidité à l'attaque de la ferme de Cascina-Nuova, qui précède le village, et qui était défendue par deux régiments hongrois. Quinze cents hommes de l'ennemi y déposèrent les armes, et le drapeau fut enlevé sur le cadavre du colonel. Cependant la division de la Motterouge se trouvait pressée par des forces considérables qui menaçaient de la séparer de la division Espinasse. Le général de Mac-Mahon avait disposé en seconde ligne les treize bataillons des voltigeurs de la garde, sous le commandement du brave général Camou, qui, se portant en première ligne, soutint au centre les efforts de l'ennemi et permit aux divisions de la Motterouge et Espinasse de reprendre vigoureusement l'offensive.

« Dans ce moment d'attaque générale, le général Auger, commandant l'artillerie du 2e corps, fit mettre en batterie, sur la chaussée du chemin de fer, quarante bouches à feu, qui, prenant en flanc et d'écharpe les Autrichiens défilant en grand désordre, en firent un carnage affreux.

« A Magenta, le combat fut terrible. L'ennemi défendit ce village avec acharnement. On sentait de part et d'autre que c'était là la clé de la position. Nos troupes s'en emparèrent maison par maison, en faisant subir aux Autrichiens des pertes énormes. Plus de 10,000 des leurs furent mis hors de combat, et le général de Mac-Mahon leur fit environ 5,000 prisonniers, parmi lesquels un régiment tout entier, le 2e chasseurs à pied, commandé par le colonel Hauser. Mais le corps du général eut lui-même beaucoup à souffrir ;

1,500 hommes furent tués ou blessés. A l'attaque du village, le général Espinasse et son officier d'ordonnance, le lieutenant Froidefond, étaient tombés frappés à mort. Comme lui, à la tête de leurs troupes, étaient tombés les colonels Drouhot, du 65e de ligne, et de Chabrière, du 2e régiment étranger.

« D'un autre côté, les divisions Vinoy et Renault faisaient des prodiges de valeur sous les ordres du maréchal Canrobert et du général Niel. La division Vinoy, partie de Novare dès le matin, arrivait à peine à Trecate, où elle devait bivaquer, quand elle fut appelée par l'Empereur. Elle marcha au pas de course jusqu'à Ponte-di-Magenta, en chassant l'ennemi des positions qu'il occupait et en lui faisant plus de 1,000 prisonniers ; mais, engagée avec des forces supérieures, elle eut à subir beaucoup de pertes : 11 officiers furent tués et 50 blessés ; 650 sous-officiers et soldats furent mis hors de combat. Le 85e de ligne eut surtout à souffrir : le commandant Delort, de ce régiment, se fit bravement tuer à la tête de son régiment, et les autres officiers supérieurs furent blessés. Le général Martimprey fut atteint d'un coup de feu en conduisant sa brigade.

« Les troupes du maréchal Canrobert firent aussi des pertes regrettables. Le colonel de Senneville, son chef d'état-major, fut tué à ses côtés ; le colonel Charlier, du 90e, fut mortellement atteint de cinq coups de feu, et plusieurs officiers de la division Renault furent mis hors de combat, pendant que le village de Ponte-di-Magenta était pris et repris sept fois de suite.

« Enfin, vers huit heures et demie du soir, l'armée française restait maîtresse du champ de bataille, et l'ennemi se retirait en laissant entre nos mains 4 canons, dont un pris par les grenadiers de la garde, 2 drapeaux et 7,000 prisonniers. On peut évaluer à 20,000 environ le nombre des Autrichiens mis hors de combat. On a trouvé sur le champ de bataille 12,000 fusils et 30,000 sacs.

« Les corps autrichiens qui ont combattu contre nous sont ceux de Klam Gallas, Zobel, Schwartzemberg et Lichtenstein. Le feld-maréchal Giulay commandait en chef.

« Ainsi, cinq jours après le départ d'Alexandrie, l'armée alliée avait livré trois combats, gagné une bataille, débarrassé le Piémont des Autrichiens et ouvert les portes de Milan. Depuis le combat de Montebello, l'armée autrichienne a perdu 25,000 hommes tués ou blessés, 10,000 prisonniers et 17 canons. »

Après la narration de la bataille, passons au tableau de ses dégâts, et visitons un peu, avec M. Amédée Achard, les victimes de la journée de Magenta.

« Auprès de la douane de Buffalora, un entassement énorme de sacs, de gibernes et de vêtements, où l'on reconnaissait le turban et le tarbouche des zouaves, la veste à collet vert des Tyroliens, le bonnet à poil des grenadiers, les capotes bleues, les casaques blanches, les pantalons rouges, était mis au pillage, et par qui ?

« On vendait ces dépouilles aux enchères ! Une tunique de drap blanc à collet orange ou bleu, 16 sous : il est vrai qu'il y avait un trou dans l'étoffe, avec une large tache brune sur le côté. Le pantalon rouge à larges plis, 12 sous... C'est peu, mais que faire ? Un biscaïen l'a déchiré ! Les paysans emportaient tout. Ceux qui n'avaient pas de monnaie puisaient dans le tas.

« Tous les sacs étaient ouverts, et la modeste fortune du soldat jetée au vent ! Que de lettres éparpillées sur le sol !

« Tous les meubles sont en poudre, les fenêtres en pièces ; on marche sur les débris de glaces et de vitres. Des blessés sont dans tous les coins, assis ou couchés. Des fiévreux grelottent sous un auvent. Dans une cour, des armes par centaines sont amoncelées contre la muraille ; combien de baïonnettes tordues ; combien qui sont comme rouillées ! Des prisonniers dévorent un morceau de pain. Les quatre façades de la douane et de l'auberge sont criblées de balles. Elles me rappellent les maisons du faubourg du Temple après les journées de juin. Une seule vitre, par hasard, est intacte. L'enseigne de l'aubergiste est comme une cible.

« Mais ce spectacle si terrible, qu'était-il auprès de celui que présentait la gare et le bourg de Magenta !

« Nous parcourons le village où tout est désordre et confusion. J'entre dans une maison : un soldat blessé attend qu'on l'emporte, deux de ses camarades sont couchés morts auprès de lui. L'un d'eux, frappé d'un coup de baïonnette, a déchiré sa chemise pour panser sa plaie ; il tient encore le linge entre ses doigts roidis.

« Là, chaque maison avait ses blessés. Les bâtiments de la station en étaient littéralement encombrés. Il fallait prendre garde en marchant de ne pas fouler aux pieds quelqu'un. Plus de rampes aux escaliers, plus de portes, rien que des murs nus peints à fresque. Dans le coin d'un bureau, la caisse de l'administration forcée extérieurement, mais défendue à l'intérieur par une seconde armature en fer. Toutes les feuilles des registres éparses et s'envolant de tous côtés.

« Jamais on ne vit, même dans les arsenaux, un pareil entassement de fusils. Ils étaient par milliers étendus par terre ; une escouade de voltigeurs déchargeait ceux qu'on rapportait.

« Les chirurgiens allaient et venaient, le tablier blanc à la ceinture. Les brancards passaient sans relâche des wagons aux ambulances. Ah ! que de cris arrachés par la douleur ! que de gémissements étouffés quand il fallait soulever ces membres brisés, ces corps meurtris!..... Tout le sang se fige dans les veines à ce souvenir. On laissait là ceux qui n'avaient plus qu'à mourir ; on emportait dans une couverture tenue par les quatre coins ceux qui ne respiraient plus.

« Mais, que vous dirai-je de nos soldats? Ces lions sont devenus des sœurs de charité. Ils vidaient leurs bidons entre les lèvres des vaincus, ils les soulageaient de leur mieux ; ils partageaient leur pain avec ceux qui semblaient le moins malades ; ils portaient les autres entre leurs bras ; et que d'honnêtes paroles, que d'encouragements prodigués dans une langue que ces victimes de la guerre ne comprenaient pas, mais dont ils devinaient le sens par le sourire et le regard qui les accompagnaient ! Combien n'ai-je pas vu de voltigeurs qui vidaient leur blague à tabac dans la main d'un blessé... leur blague à tabac, tout leur trésor !

« Non, on ne sait pas ce qu'il y a de bonté dans le cœur de ces hommes !

« Les wagons venant à manquer, on jeta de la paille sur les trucs, et bientôt un pavillon de verdure courba ses rameaux sur ce lit de misère. Ne fallait-il pas mettre les malheureux blessés à l'abri des rayons brûlants du soleil ?

« Tandis que des voltigeurs coupent des branches et les assujettissent sur les trucs, d'autres apportent des seaux d'eau dans lesquels ils ont jeté de l'eau-de-vie et du sucre. Ils en distribuent par tasses à ces blessés qu'une soif inextinguible dévore. D'autres trempent des compresses dans de l'eau fraîche et les étendent sur une plaie saignante, qui brûle encore malgré le pansement. Rien ne les fatigue; ils sont pour les Autrichiens ce qu'ils sont pour leurs camarades. Là-bas le pillage, ici l'abnégation. La guerre renferme tout. »

Des faits généraux passons aux faits particuliers.

« Un zouave de la garde qui assistait à la bataille et qui y a été légèrement blessé par un éclat d'obus, affirme que la bataille a duré plus de dix heures, et que, pendant près de cinq heures, la garde impériale, au nombre de 6,000 hommes environ, a dû soutenir seule le choc de 35,000 Autrichiens.

« Nous allions comme des tigres, disait notre zouave; « nous faisions trois pas et nous nous couchions; si la mi- « traille pleuvait trop fort, nous continuions à ramper; nous « arrivions comme ça jusqu'à la gueule des canons et nous « tuions les canonniers; six fois nous avons pris une colline, « six fois nous avons été écrasés par des masses d'ennemis; « et, malgré tout, la position nous est restée. »

Voici la narration d'un clairon à qui nous laissons la parole :

« Mon colonel, M. Véron de Bellecourt, a reçu huit blessures pendant que nous étions à nous *chamailler* avec les Autrichiens. Le lieutenant-colonel ayant été gravement blessé lui-même, le colonel, qui ne pouvait plus se tenir à cheval, ne savait à qui remettre le commandement du régiment, lorsque le chef du second bataillon, frappé d'un éclat d'obus à la jambe, un bon officier, ma foi! nommé M. Traconnet, s'approche du colonel et lui dit : « Je suis blessé, mais ça ne « fait rien, mon colonel, et, si vous voulez, je suis votre « homme. » — « Ça va, » dit le colonel. Pour lors, il m'appelle : « Pajol, allons-nous en! » Je mets le colonel dans une voiture et je l'amène ici. Puis, ce matin, il est parti pour Novare, et moi je retourne à la gamelle. C'est égal, ajouta-t-il, je suis content tout de même, parce que le colonel n'en mourra pas. Malheureusement, il est toujours perdu pour le régiment. Tout le monde dit qu'il va être fait général; ce sera une perte pour le 85e!

« Je me suis battu en Afrique et en Crimée, continue le clairon, mais nulle part ça n'a été plus chaud qu'hier. Figurez-vous que, pendant que nous nous *chicanions* avec un régiment de Croates, voilà que je mets la main sur un officier. Je le tenais à deux pas, au bout du canon de mon fusil. « Rendez-vous, capitaine, que je lui dis. — Non! qu'il répond.—Vous avez tort; rendez-vous!—Non.—Une fois... deux fois...—Non! non! »

« Pour lors, je lâche la détente, et je l'abats. Eh bien! messieurs, ça m'a fait de la peine : c'était un beau garçon de vingt-cinq ans, et il avait peut-être une famille. »

Les conséquences de la victoire de Magenta ont été immenses, car au moment où nous traçons ces lignes (15 juin) les Autrichiens se retirent des États romains, des Duchés et de la Lombardie!...

Le premier résultat de la victoire de Magenta a été l'évacuation de Milan, dont les habitants avaient déjà fait acte de révolte en arborant les couleurs piémontaises et en dressant des barricades. Pour dépeindre l'enthousiasme de Milan il faudrait écrire un volume. Contentons-nous de cette analyse de la joie populaire envoyée aux *Débats* par son correspondant :

« Milan, 7 juin.

Monsieur,

« Figurez-vous quelque chose qui n'a de nom dans aucune langue, un délire pour lequel le dictionnaire ne fournit pas de mot; multipliez l'ivresse par l'enthousiasme, ajoutez la frénésie à l'exaltation, cherchez ce que la joie la plus folle peut produire d'épanouissement et d'exubérance dans la manifestation des sentiments les plus vifs et les plus chauds, et vous aurez à peu près une idée du spectacle que présente Milan aujourd'hui.

« Ce n'est plus une ville, c'est un volcan : ce n'est plus du bonheur, c'est une explosion.

« Toutes les rues pavoisées de drapeaux flottant à chaque fenêtre, à chaque balcon des tentures : le satin, le drap d'or, la moire mêlant leurs reflets et leurs chatoiements; partout des femmes parées à ravir battant des mains, agitant leurs mouchoirs, lançant des fleurs et qui, lasses d'applaudir et de sourire, jetaient les baisers par centaines du bout de leurs doigts dans la foule inondant les rues et se pressant autour des bataillons, et sur tout cet enivrement qui déborde, un soleil de feu qui remplit la ville de lumière; c'était à donner le vertige.

« Quand le corps d'armée du général Mac-Mahon a fait son entrée dans la ville, encore tout couvert de la poudre héroïque de Magenta, son général marchant en tête, un tonnerre de cris a ébranlé la cité lombarde.

« On aurait dit que la ville étouffée retrouvait sa respiration. »

Ce qui a contribué à cette exubérance de reconnaissance et de joie, c'est la proclamation de Napoléon III aux Italiens. Cette proclamation qui a grandi l'Empereur de cent coudées sera une des gloires de son règne. Nous la donnons textuellement en attendant que les villes italiennes affranchies du joug autrichien la fassent graver sur l'airain et placer à leur principale porte.

PROCLAMATION DE L'EMPEREUR AUX ITALIENS.

« Italiens !

« La fortune de la guerre nous conduisant aujourd'hui dans la capitale de la Lombardie, je viens vous dire pourquoi j'y suis.

« Lorsque l'Autriche attaqua injustement le Piémont, je résolus de soutenir mon allié le roi de Sardaigne. L'honneur et les intérêts de la France m'en faisaient un devoir. Vos ennemis, qui sont les miens, ont tenté de diminuer la sympathie universelle qu'il y avait en Europe pour votre cause, en faisant croire que je ne faisais la guerre que par ambition personnelle, ou pour agrandir le territoire de la France. S'il y a des hommes qui ne comprennent pas leur époque, je ne suis pas du nombre. Dans l'état éclairé de l'opinion publique, on est plus grand aujourd'hui par l'influence morale qu'on exerce que par des conquêtes stériles, et cette influence morale je la recherche avec orgueil, en contribuant à rendre libre une des plus belles parties de l'Europe. Votre accueil m'a déjà prouvé que vous m'avez compris. Je ne viens pas ici avec un système préconçu pour déposséder les souverains, ni pour vous imposer ma volonté. Mon armée ne s'occupera que de deux choses : combattre vos ennemis et maintenir l'ordre intérieur ; elle ne mettra aucun obstacle à la libre manifestation de vos vœux légitimes. La Providence favorise quelquefois les peuples comme les individus, en leur donnant occasion de grandir tout à coup ; mais c'est à la condition qu'ils sachent en profiter.

« Profitez donc de la fortune qui s'offre à vous ; votre désir d'indépendance, si longtemps exprimé, si souvent déçu, se réalisera, si vous vous en montrez dignes. Unissez-vous donc dans un seul but : l'affranchissement de votre pays. Organisez-vous militairement ; volez sous les drapeaux du roi VICTOR-EMMANUEL, qui vous a déjà si noblement montré la voie de l'honneur ; souvenez-vous que, sans discipline, il n'y a pas d'armée, et, animés du feu sacré de la patrie, ne soyez aujourd'hui que soldats ; demain vous serez citoyens libres d'un grand pays.

« Fait au quartier impérial de Milan, le 8 juin 1859.

« NAPOLÉON. »

Dans le même moment où l'Empereur rédigeait cette proclamation aux Italiens, il donnait l'ordre au maréchal Baraguey-d'Hilliers d'aller repousser les Autrichiens qui s'étaient arrêtés à Marignan et semblaient vouloir opérer un retour offensif sur Milan. Le vieux maréchal marcha de suite à l'ennemi, et lui fit essuyer une autre défaite sanglante, ainsi que le constate le rapport suivant adressé par le major-général à son Exc. le ministre de la guerre :

« Milan, 9 juin, 9 h. du soir,

« *Le major-général à S. Exc. M. le ministre de la guerre, à Paris.*

Milan, 9 juin.

« Après la victoire de Magenta, les Autrichiens ont évacué Milan en toute hâte, laissant dans la citadelle 41 canons en bronze, des munitions et des vivres en abondance. Ils se sont mis en pleine retraite sur Lodi et Pavie.

« Le 8, l'Empereur a donné l'ordre au maréchal Baraguey-d'Hilliers d'occuper la position de Malegnano (Marignan), d'où nous menaçions à la fois deux lignes de retraite de l'ennemi. Mais les Autrichiens, qui avaient compris toute l'importance de Malegnano pour couvrir leur retraite, avaient profité des restes de fortifications que présente cette ville, et s'y étaient solidement retranchés.

« Le maréchal Baraguey-d'Hilliers, arrivé à quatre heures devant la position, l'a fait immédiatement attaquer de front par les divisions Bazaine et Ladmirault, pendant que la division Forey devait la tourner. Ce combat n'a pas duré moins de trois heures. L'ennemi a opposé la résistance la plus énergique aux efforts de nos soldats.

« Enfin, chassé à la baïonnette de retranchement en retranchement, de maison en maison, il s'est retiré vers sept heures, laissant le terrain couvert de ses morts et abandonnant entre nos mains un canon et un millier de prisonniers.

« Un si beau succès ne pouvait être que chèrement acheté.

« Nous avons eu environ 50 officiers et 800 soldats hors de combat.

« Nous apprenons à l'instant que les Autrichiens ont évacué Pavie et Lodi et repassé l'Adda en détruisant les ponts. »

Cette seconde victoire de Marignan a confirmé une fois de plus cette vérité dont l'Europe semblait douter : que la France n'a pas dégénéré. Que deviennent après Montebello, Palestro, Magenta et Marignan les déclamations malveillantes de certaines feuilles étrangères sur l'abâtardissement et l'appauvrissement de la race française. Bulles de savon lancées dans l'Europe et que nos victoires ont fait éclater sur la tête des gens crédules qui les regardaient aller de Londres à Vienne en Autriche !

Oui, comme l'a dit l'Empereur, nous sommes allés sur la terre classique de l'Italie retrouver les traces de nos ancêtres et nous nous sommes montrés dignes d'eux !...

Pour clore donc ce résumé glorieux et émouvant de la première phase de la *guerre d'Italie*, nous citerons l'ordre du jour de l'Empereur à son armée et nous répèterons les paroles de Son Ém. le cardinal de Bonald : « L'épée victorieuse de Napoléon Ier n'a rien perdu de son éclat et de sa gloire pour être passée dans les mains de Napoléon III !... »

ORDRE DU JOUR DE L'EMPEREUR A L'ARMÉE D'ITALIE.

« Soldats !

« Il y a un mois, confiant dans les efforts de la diplomatie, j'espérais encore la paix, lorsque tout à coup l'invasion du Piémont par les troupes autrichiennes nous appela aux armes. Nous n'étions pas prêts : les hommes, les chevaux, le matériel, les approvisionnements manquaient, et nous devions, pour secourir nos alliés, déboucher à la hâte par petites fractions au delà des Alpes, devant un ennemi redoutable préparé de longue main.

« Le danger était grand; l'énergie de la nation et votre courage ont suppléé à tout. La France a retrouvé ses anciennes vertus, et unie dans un même but comme en un seul sentiment, elle a montré la puissance de ses ressources et la force de son patriotisme. Voici dix jours que les opérations ont commencé, et déjà le territoire piémontais est débarrassé de ses envahisseurs.

« L'armée alliée a livré quatre combats heureux et remporté une victoire décisive qui ont ouvert les portes de la capitale de la Lombardie ; vous avez mis hors de combat plus de 55,000 Autrichiens, pris 17 canons, 2 drapeaux, 8,000 prisonniers. Mais tout n'est pas terminé; nous aurons encore des luttes à soutenir, des obstacles à vaincre.

« Je compte sur vous. Courage donc, braves soldats de l'armée d'Italie! Du haut du ciel, vos pères vous contemplent avec orgueil.

« Fait au quartier général de Milan, le 8 juin 1859.

« NAPOLÉON. »

Vive l'Empereur!... Vive l'armée!...

FIN.

www.ingramcontent.com/pod-product-compliance
Lightning Source LLC
LaVergne TN
LVHW020350230826
846091LV00003B/1053